위대한 아웃사이더

세상을 바꾼 지식인 70인의 수난과 저항

위대한 아웃사이더

김삼웅 지음

도서
출판 사람과 사람

차 례

양심으로 행동한 중세유럽 선각자

르네상스 시대의 사상가

편견에 맞선 계몽시대 지식인

혁명주의적인 사회개혁가

프랑스 대혁명 시기의 지식인

머리말에 대신하여
지식인과 시대정신

어느 시대나 그 시대를 사는 사람들에게는 시대정신이 있기 마련이다. 시대정신을 찾고 의미와 가치를 부여하고 행동하는 것이 지식인의 역할이고 존재가치이다.

헤겔은 지식인의 역할을 '미네르바의 부엉새'에 비유하면서 지혜의 여신 미네르바는 한낮의 행동이 끝나고 어둠이 짙어지면 행동하기 시작한다고 하여, 마치 지식인을 관념의 행위자, 즉 참여나 행동보다 뒤처리나 하고 해석하는 부류로 평가절하했다. 그러나 이러한 헤겔의 주장은 지식인의 본질을 꿰뚫지도 못했고 그 기능을 분석하지도 못한 발언이다. 지식인이 시대정신에 충실하지 않는다면 그것은 진정한 의미의 지식인이 아니라 '지식 기능자'이거나 '지식 판매자'일 뿐이다.

인류사는 깨어 있는 소수의 지식인, 올곧은 창조적 지식인들에 의해 발전해 왔다. 그들은 전제권력과 봉건적 인습, 무지몽매와 싸우면서 진실과 정의와 자유를 쟁취하는 데 희생을 아끼지 않았다. 당대의 시대정신을 찾고 지키는 데 끔찍한 고통과 수난을 피하려 하지 않았다. 그들의 희생으로 역사는 발전하고 자유와 평등의 사회를 열게 되었다.

시각을 좁혀 보자. 일제 강점시대 한국 지식인들의 시대정신은 민족해방운동이었다. 그러나 다수의 지식인들은 일제통치를 받아들이면서 친일 민족반역의 길을 걸었다. 부귀와 영화가 따르고 유산은 자손에게까지 이어졌다. 반면에 소수의 지식인들은 항일과 민족해방의 기치를 들고 고난의 길을 택했다. 당연히 수난이 따르고 그들의 후손에게는 영락零落이 유산처럼 남겨졌다.

군사독재시대의 상황도 비슷하다. 다수의 지식인들이 민주주의를 찬탈한 독재자에 기생하면서 통치이념을 조작하고 국민을 억압하고 학살하는 만행을 합리화했다. 저항하는 지식인들은 고문을 당하고 직장에서 내쫓김을 겪으면서 고난의 세월을 보내야 했다.

민주시대가 열렸다는 지금도 상황은 달라지지 않았다. 독재와 싸우고 시대정신에 충실해 온 지식인들이 주역이고 정통이 되는 것이 당연함에도 상황은 딴판이다. 식민·군사독재 시대에 부역해 온 지식인들과 그들의 후손, 그리고 그 아류들이 여전히 주류가 되어 남북화해를 비틀고 냉전의식을 부채질하면서 역사의 진보를 가로막는다.

한국의 추악한 지식인 집단은 일제시대 이래 오로지 자신들의 기득권을 지키고자 반시대적 역할에 충실했다. 그들의 '반시대성'은 친일 반민족, 반민주, 반통일로 이어진다.

우리 역사와 국민은 그들을 청산하는 기회를 놓쳤다. 해방 후, 4·19 후, 6월항쟁 후 또는 민간정부 수립 후에 마땅히 청산하고 척결했어야 하는데 그러지 못했다.

한국 사회는 일제시대, 이승만시대, 군사정권시대, 다시 말해 근·현대 1백 년 동안 엄청난 인적·물적 기반을 축적하면서 주류세력으로서 지배집단화된 그들을 청산할 역량이 모자랐다. 특히 지식인 사회의 경우 청산은커녕 그 쪽에 영합하거나 최소한 침묵이라도 하지 않으면 존립 자체가 불가능한 처지로 뒤바뀌고 말았다.

전후 프랑스의 작가 베르코르Vercors는 지식인의 반역과 기업인의 반역을 카인과 악마에 비유하면서 지식인쪽의 반역이 훨씬 무겁다고 지적한 바 있다. 기업인과는 달리 글을 쓰거나 가르치는 사람의 과오는 자신에게 머무는 것이 아니라 수많은 사람에게까지 잘못을 저지르게 되기 때문이다. 비슷한 시대, 프랑스의 문예지「레트르 프랑세즈」는 지식인이 진실을 왜곡하고 다른 지식인을 탄압하는데 협력한 자들을 관용하는 것은 범죄를 묵인하는 것이라고 역설했다. 이 문예지는 '지난날 과오를 범한 자들을 처벌하지 않는 것이 오늘날 같은 과오를 반복하게 만든 원인'이라고 진단했다. 마치 한국 지식인 사회를 두고 경계하는 말처럼 들린다.

오늘날 한국 사회의 가장 무서운 독소는 타락한 지식인 군상이다. 역사의식과 시대정신, 시시비비의 분별력을 갖고 활동해야 하는 지식인들이 정반대의 역할을 하면서 우리 사회는 국가적 정체성과 민족정기와 사회정의를 바로 세우지 못한 채 가치 전도의 현상을 빚게 되었다. 지난 1백 년의 역사가 그랬던 것처럼 정의롭고 양심적인 정통세력은 설 자리를 찾지 못하고 반민세력이 주류가 되고 주인 노릇을 하면서 우리 사회는 반시대성이 시대정신으로 자리잡기에 이르렀다.

변변치 못한 이 책에는 사연이 깊다. 책의 주제대로 그야말로 '수난'의 과정을 겪어야 했다. 나는 군사독재시대 민주화운동의 말석에 참여하면서 독재자들의 잔학성과 함께 독재를 비호하고 민주인사들을 적대시하는 타락한 지식인들의 행위를 뼈져리게 느끼고 지켜보았다. 부패한 독재권력에 당의정糖衣錠을 입히고 탄압의 방법론을 제시하고 국민의 비판의식을 깔아뭉개는 글을 쓰는 신문, 잡지, 방송을 제작한 것은 그들이었다.

타락한 지식인들은 독재세력의 폭력을 법치주의라고 미화하고 민주세력의 저항을 폭력주의로 덧칠했다. 용공조작, 지역갈등, 내부 분열을 부추기고 국민을 이간시키는 일도 그들의 몫이었다.

나는 이런 과정을 겪으면서 우리나라가 제대로 발전하기 위해서는 무엇보다 지식인이 바로 서야 한다는 사실을 백 번 천 번 가슴에 새기게 되었다. 정치인, 공직자, 판검사 등 힘있는 사람이 많지만 가장 먼저 바뀌고 변해야 할 계층은 지식인 사회라는 것을 알게 되고 이런 생각은 지금도 달라지지 않았다.

지식인이 바로 서서 시시비비를 가리고 시대정신을 일깨우면 정치인, 공직자, 사법부 할 것 없이 모두 제 길을 걷게 된다. 그래서 준비한 것이 이 책이다. 처음에는 5공 말기에 나름대로 '지식인 수난사'라는 제목으로 책 한 권 분량의 원고를 써서 당시 인문사회과학 출판에 큰 기여를 하고 저자의 책도 몇 권을 낸 바 있는 어느 출판사에 넘겼다가 '분실' 당하는 수난을 겪었다. 내용을 보완하고 정성을 더 하라는 어떤 '섭리'로 받아들이면서 아쉬움을 삭이고 있을 때, 당시 비교적 괜찮은 월간지로 알려진 「민족지성」의 연재 제안을 받게 되었다.

나는 잃어버린 원고를 대신하여 새로 세계적인 지식인들의 저항과 수난사를 써서 7~8회 가량 연재를 계속했다. 여전히 암울한 폭압의 시대인지라 지식인들의 저항사를 다룬 이 연재물은 대학생들에게 꽤 읽힌다고 들었다. 그 무렵, 나는 늘 감시받고 쫓기는 시절이었지만 나름대로 충실하게 원고를 준비했고 20회 쯤 연재가 끝나면 단행본으로 출판하겠다는 한 출판사의 제의도 받고 있었다. 그러나 6공 정부의 '황태자'로 불리는 어느 권세가가 느닷없이 이 잡지의 경영권을 차지하더니 이유도 대지 않고 연재를 중단시켰다.

이 책은 또 한 차례의 '수난'을 겪어야 했다. 그 '황태자'는 엉뚱하게도 대권의 야망을 꿈꾸고 자신의 홍보를 위해 멀쩡한 교양잡지를 '인수'하더니 그 야망이 무너지면서 잡지사 문을 닫고 말았다. 설익은 권력의 패악에 당한 또 다른 수난이었다.

글을 쓰는 이들은 이해하겠지만, 전업 작가가 아닌 사람이 연재를 하다가 끊어지면 차분히 앉아서 뒷글을 이어 쓰기란 여간 힘겨운 일이 아니다. 나의 경우도 그랬다. 시대가 바뀌고 연구소와 신문사를 여기 저기 떠돌면서 지식인의 수난사 집필은 늘 미뤄졌다. 최근 신문사를 떠나 대학에 강의를 맡게 되고 다소 시간의 여유를 찾게 되었을 때, 오래 전부터 인연이 있는 '사람과 사람'의 김성호 사장님과 대화 중에 이 원고의 이야기가 나오게 되고 출판에 합의하게 되었다.

애초 동서고금을 통해 양심적인 지식인의 저항과 수난의 역사를 체계적으로 정리해 보고자 했지만 능력의 한계와 앞서 지적한 여러 가지 이유로 근세 이전의 인물로 마무리하고 다른 지면에 쓴 현대 한국의 대표적 지식인 세 분을 추가하여 한 권으로 묶었다. 오래 전에 쓴 글을 부분적으로 고치기도 하고 몇 편은 새로 쓰기도 했다.

지난날 다루지 못한 지식인에 대해서는 기회가 오는 대로 추가하여 후편을 내고자 한다. 이 책이 한국 사회를 주름잡고 있는 반시대적 지식인들에게 경종이 되고 고난 속에서도 시대정신을 지키고자 애쓰는 벗들에게 작은 용기가 되었으면 더 이상 바람이 없겠다.

인류문명사를 개척한 지식인들

미네르바*Minerva*의 부엉새는 황혼에 날개를 펴고 날아다닌다고 한다. 독일의 관념론 철학자 헤겔*Hegel*이 말하는 미네르바는 로마신화에 나오는 지혜의 여신이고, 부엉새는 이 여신이 지극히 총애하는 새다. 부엉새는 대낮의 활동과 현실의 움직임이 다 끝난 황혼에 조용히 나래를 펴고 날아다니면서 현실의 활동을 살핀다. 헤겔이 1821년 펴낸 그의 『법철학강요』서문에서 밝힌 미네르바의

피디아스가 조각한 아테나 여신상. 아테나는 로마 신화의 미네르바와 동일하다. 서기 130년경.

부엉새란 철학, 사상, 이론, 세계관을 상징한다. 헤겔은 왜 철학, 사상, 이론, 세계관을 대낮이 아닌 황혼으로 상징했을까.

미네르바의 부엉새는 황혼에 날지만 깨어 있는 지식인은 여명을 밝힌다. 이 여명을 자유, 정의, 진리, 진보, 민주, 평등의 가치라고 이름 붙여도 좋을 것이다. 깨어 있는 지식인은 권력과 독선과 아집과 편견으로 가득 찬 캄캄한 어둠을 뚫고 새로운 여명의 지평을 밝힌다. 깨어 있는 지식인들의 선지자적인 활동이 아니었다면 인류 문명은 중세의 어둠, 독재의 폭력, 종교의 도그마, 이데올로기의 광기에서 헤어나지 못했을 것이다.

지식인은 시대의 증인이다. 진실과 허구를 밝히는 증인이다. 지식인은 미래를 여는 개척자이다. 새벽을 알리는 수탉처럼 문명의 역사를 여는 선지자이다. 그러나 시대를 증언하고 허구를 밝히고 새벽을 알리는 역할에는 수난이 따른다. 수구守舊의 안일, 허구의 위선, 한밤의 몽유夢遊에 빠져 있는 사람들에게 새벽을 알리는 수탉의 울음소리는 거추장스러운 훼방꾼에 불과하다. 때문에 박해가 가해지고 수난을 당하게 된다.

증인이란 영어로 'Martyr'라고 하는데, 이것은 그리스어의 순교자에서 그 어원을 찾을 수 있다. 증인이 순교자의 뜻을 갖고 있는 것은 참으로 오묘하다. 진실을 증언하려면 순교의 박해를 각오하지 않으면 안 된다는 뜻이리라.

지식인이 진실을 밝히는 작업에는 비판을 전제로 한다. 지식인은 비판을 본질로 하여 존재한다. 비판정신은 지식인의 생명이다. 가설에서 진실을 도출하기 위해서는 비판과 반론과 논증을 거쳐야 한다. '비판'을 뜻하는 영어 'critique'의 어원인 희랍어나 한자인 비판批判이 다같이 '시是와 비非를 반半으로 쪼개어刀 보여준다示'를 의미하는 것은 새겨볼 만하다.

비판의 의미는 어떤 사실이나 사상 또는 행동의 진위, 우열, 가부, 시비, 선악, 미추美醜 등을 판정하여 그 가치를 밝히고 평가하는 인간 고유의 고등정신 활동이다. 맹자는 '비시지심 지지단야非是之心 智之端也'라고 하여 옳고 그름을 따지는 마음이 슬기로움이라는 인간 본성의 단서가 된다고 지적했다. 이 때의 '비시지심'이 다름 아닌 비판정신의 근본임은 두말할 나위도 없다.

비판을 모르는 지식인, 비판능력이 없는 지식인은 임포텐스鼓子이다. 한갓 지식 기술자에 불과하다. 도끼날에 향기를 묻히는 향나무 같은 존재가 진짜 지식인이다. 이런 지식인을 우리는 '지성인'이라고 부르기도 한다. 소크라테스Socratos 처럼 독배를 마시면서도 진리에 대한 소신과 사실을 왜곡시키지 않는 사람이 참지식인인 것이다. 비록 제 몸은 도끼날을 받아 희생되지만 진리와 정의의 향기를 뿜는 지식인들에 의해 자유와 정의가 지켜지고 인류 문명사가 열렸다.

관습과 제도에 도전한 사람들

지식인을 인텔리겐차intelligentsia 라고 한다. 이 용어는 1860년대에 러시아의 작가 보보리킨Boborykin 이라는 사람의 저술에서 처음 사용된 후 일반화되었다. 원래 이 용어는 통찰력, 이해력, 사고력을 의미하는 라틴어 'inteligentsia'의 러시아식 발음이다.

에드워드 쉴즈는 지식인에 대해 '인간과 사회와 자연과 우주에 관한 일반적 범위, 그리고 추상적 내용의 상징들을 그들의 의사소통과 표현에 있어 대부분의 다른 사회구성원들보다도 더 빈번히 사용하는 자들을 총칭하는 것'이라 정의했고, 미국의 사회학자 립세트*Lipset*는 '문화, 즉 예술이나 과학 또는 종교를 포함한 인간의 상징적 세계를 창조하고 배분하며 응용하는 자'라고 했다. 독일의 사회학자 카를 만하임*Karl Mannheim*은 지식인에 대해 '이해의 갈등을 사상의 갈등으로 전환시킬 수 있는 인물일 뿐만 아니라 사회 불평불만의 잠재적 근원을 밝히고 사회구성원들에게 불만의 잠재적 근원을 밝혀 사회 내에서 자기인식의 깊은 의미를 깨닫게 하는 사람'이라고 정의했다.

그렇다면 지식인의 기능은 무엇인가. 프랑크 노펠마허는 지식인의 개념을 정의하기 위해 누구나 합의할 수 있는 속성을 세 가지로 정리했다. 첫째로 고등교육을 받았거나 그 수준 이상의 지식을 갖는다. 둘째로 인간의 운명에 대해 관심을 갖는다. 전공 분야는 물론 그 밖의 도덕 문제에 대해서도 관심을 갖는다. 셋째로 정치나 도덕에 관한 의견을 언어나 문장으로 표현하는 데 능숙하다.

지식인은 기존의 사상이나 제도를 비판적으로 분석하며 사회관습에 도전하기도 한다. 그들은 단순히 사람들의 생활양식을 비판하는 데 그치지 않고 자기의 소신에 따라 남들과 다르게 행동하고 생활한다. 지식인이 제 기능을 수행하려면 몇 가지 전제조건이 필요하다.

첫째로 전통적인 이데올로기나 종교의 통제가 엄하지 않아야 한다. 그리고 사회가 회의주의자나 비평가의 자유를 박탈하지 않아야 한다. 둘째로 지식인이 청중에게 의사소통할 수 있는 수단, 곧 인쇄, 라디오, 텔레비전과 같은 매체에 자유롭게 접근할 수 있어야 한다. 셋째로 사회 비평을 듣기 좋아하며 의견이 달라도 발표의 자유를 존중해 주는 풍토가 되어야 한다. 청중이 없는 지식인의 소리는 황야에서 부르짖는 공허한 소리밖에 안 된다. 넷째로 지식인의 발언을 정부 권력의 억압으로부터 보호해 주는 사회세력이 있어야 한다. 정부 권력으로부터 방어해 주는 독립적이고도 강력한 제도적 뒷받침 없이 지식인은 본래의 자기 기능을 수행하기 어렵다.

고독한 창조자

지식인은 내부에 보편성과 특수성의 갈등을 지니고 있으면서 특수주의에 행동으로 대항한다. 지식인이 해야 할 일에 대해 프랑스의 철학자 사르트르Sartre는 그 역할을 다음과 같이 제시하고 있다.

첫째로 대중계급 내에서 영원히 되풀이되어 나타날 이데올로기와 싸우는 일이다. 지식인은 모든 이데올로기를 폐기해 버리는 데 힘써야 한다. 둘째로 지배계급에 의해 주어진 자본으로서의 지식을 민중문화를 고양시키기 위해 사용하는 일이다. 셋째로 혜택을 받지 못한 계층 안에서 전문가가 배출되도록 하여 그들로 하여금 자신이 속한 계층과 유기적 관계를 맺는 지식인이 될 수 있도록 힘써야 한다. 넷째로 지식인 고유의 목적(지식의 보편성, 사상의 자유, 진리 등)을 되찾아 인간의 미래를 전망해 봐야 한다. 다섯째로 눈앞의 당면과제를 넘어서 궁극적으로 성취해야 할 목표를 보여줌으로써 진행 중인 행동을 근본적인 것으로 만들어야 한다. 끝으로 모든 권력에 대항하여 대중이 추구하는 역사적 목표의 수호자가 되어야 한다.

지식인은 고독하다. 중간계급에 속해 있기 때문에 그 고독은 숙명적이다. 지배층에서는 그들이 공허한 말로써 권력을 비난하며 국민을 선동한다고 배척하고, 피지배층에서는 지배층의 앞잡이나 공범자라고 멀리 한다. 그래서 권력계급으로부터 추방되고 피지배계급으로부터 의심을 받으면서 중간계급을 형성한다. 가운데 위치에서 근원적인 목적인 인간 해방, 인간의 보편화, 인간의 인간화를 추구한다.

지식인과 권력은 서로 대결하는 속성을 갖고 있다. 보편적이고 추상적인 가치에 대한 지식인의 몰입과 정해진 사회 관례 사이의 일반적 긴장이 서로 대결하게 만드는 것이다. 따라서 지식인은 매일매일 타협과 조정에 무심한 권력자의 현실적 관심을 경멸하면서 얼굴을 돌리는 경향이 있으며, 권력자 측에서는 지식인의 비실제적이고 비현실주의적 태도를 용납하려 하지 않는다. 지식인과 권력은 상호 불가해의 관계를 지속하는 것이다.

지식인의 역할 가운데 가장 핵심적인 것은 창조적인 기능이다. 지식인은 창조적인 소수자로서 인체의 백혈구 또는 염분과 같은 역할을 수행한다. 지식인의 역할을 백혈구나 염분에 비유하는 데는 그만한 이유가 있다. 예컨대, 인체의 혈액 1입방밀리미터에는 약 1만 개의 혈구가 있지만 백혈구는 20여 개에 지나지 않는다. 적혈구의 5백분의 1에 불과하다. 그러나 병균이 침입하면 이 소수의 백혈구가 앞장서서 저항하며 싸운다. 염분의 경우도 비슷하다. 바다가 항상 깨끗함을 유지할 수 있는 것은 0.3퍼센트 정도의 염분을 함유하고 있기 때문이다. 염분이 바다의 정화 기능을 담당함으로써 청정함을 유지하는 것이다.

지식인도 그렇다. 권력의 횡포를 비판하고 예술·문학·종교 등의 분야에서 창조적 역할을 수행하는데 있어서 백혈구 같은 역할, 염분과 같은 기능을 해야 하는 것이다.

진리인가 권력인가

지식인은 진리를 추구하고 정치인은 권력을 추구한다. 이것은 정치학자 한스 모겐소*Hans J. Morgenthau*의 지론이다. 그는 "지식인이란 정치인의 세계와 분리되면서도 얽혀 있는 그런 세계에 공존한다. 이 두 세계는 각기 상이한 궁극적 가치를 지향하고 있다는 뜻에서 분리되어 있다"고 주장한다. 지식인이 진리를 추구하고 정치인이 권력을 추구한다는 방향에서의 차이는, 그렇다고 해서 지식인이 정치인에 대해 어떤 우월성을 갖는다는 뜻은 아니다.

모겐소는 진리와 권력, 지식인과 권력세계 사이에 존재하는 실제적인 상호 배격과 잠재적인 상호 연결에 대해 지식인은 네 가지의 방법으로 대응할 수 있다고 했다. 즉, 상아탑에의 후퇴, 예언자적인 대결, 전문가로서의 충고, 그리고 투항이다. 모겐소는 저서 『권력과 진실』에서 다음과 같은 적절한 분석을 시도하고 있다.

첫째로 진리와 권력의 비양립성 때문에 반발을 느낀 지식인은 완전히 정치권과 절연할 수 있다. 권력에 대해 그리스의 철학자 아르키메데스*Archimedes*가 로마 병사에게 말했듯이 "나의 원員을 건드리지 말라"고 요구할 수 있고 이탈리아의 과학자 레오나르도 다빈치*Leonardo da Vinci*가 피렌체의 운명에 대해 무관심하다는 이유로 미켈란젤로*Michelangelo*로부터 꾸중을 들었을 때처럼 아름다움에 대한 연구는 자신의 전생명이라고 항변할 수도 있다. 또 '정치의 노래는 추악한 노래'라고 한 괴테*Goethe*의 말에 따라 마치 정치의 영역이 존재하지 않는 것처럼 자기가 선택한 자기만의 영역 속에서 진·선·미만을 추구할 수도 있다. 위대한 지적 결실은 이와 같은 과정을 통해서 이루어졌다. 그러나 상아탑 속에서의 도피는 있는 것을 회피하는 방법으로서의 해결 방법이다. 그런 방법은 한 사람의 지식인을 위해서는 한 가지 방법이 될 수 있겠지만 원리적 차원과 그것이 사회 전체의 이익에 작용하는 한계를 생각해 보면 문제는 미해결로 남게 된다.

둘째로 지식인은 정치권 밖에 머물면서도 자기에게 특유한 지식과 통찰력을 깊고 정치 목표와 절차에 작용시키는 방법으로 자기의 성실성을 유지할 수 있다. 이 때 그는 정치에 관심을 가지면서도 개인적으로는 정치와 격리된 형태를 취한다. 자기가 설정하는 진리 기준으로 판단하고 그 이름으로 정치를 비판하면서 정치권 밖에서 정치권을 바라보는 것이다. 그는 권력이 할 수 있는 일과 해야 할 일, 할 만한 일과 할 것을 요청받는 일을 권력에 가르친다. 그가 정치에 관해서 하는 말은 정치적 결과를 가져올지 모르지만 경우에 따라 그 결과를 환영하기도 하고 개탄하기도 할 것이다. 그러나 어느 경우이건 그 결과는 그의 진리탐구 과정에서 기대할 수 있지만 그것을 위해서 노력하는 것이 아닌, 단순한 하나의 부산물에 지나지 않는다.

셋째로 지식인은 전문가의 자격으로 정치권에 들어갈 수 있다. 그러나 정치 운영의 목표나 과정을 비판하는 것이 아니라 정부가 그 속에서 기능하는 제도와 구조를 다만 주어진 것으로 수락할 뿐이다. 그는 권력자에게 권력자가 어떤 특정의 결과를 이룩하기 위해서 알아야 할 일과 그것을 이룩하기 위해 어떻게 해야 하는가 하는 것을 말해준다. 자기가 옳다고 생각하건 안하건 간에 어떤 과업이 주어지면 그는 자기 의사와 관계없이 그것을 달성하는 방법에 관해 건의하게 마련이다. 자신의 진리를 권력을 위한 용구로 사용하긴 하지만 아직 이 단계에서는 자기를 규제하는 궁극적인 가치 기준은 진리이지 권력은 아니다.

지식인의 다섯 가지 유형

루이스 코저 Lewis Coser는 권력과 지식인 간의 관계와 관련하여 지식인을 다섯 가지 유형으로 분류했다. 권력 장악자로서의 지식인, 정치

권력의 내부로부터 개혁을 지도하는 지식인, 권력을 합법화하고 정통화시켜 주는 지식인, 권력에 대한 비판자로서의 지식인, 그리고 외국지향형의 지식인이다.

권력 장악자로서의 지식인 집단은 프랑스 대혁명 당시의 자코뱅 *Jacobins*이나 러시아 혁명 초기의 볼셰비키*Bolsheviki*를 들 수 있다. 지식인으로서의 자질을 그대로 유지하면서 권력을 장악한 대표적인 인물로는 영국의 디즈레일리*Disraeli*, 글래드스턴*Gladstone*, 프랑스의 기조*Guizot*, 윌슨, 인도의 네루*Nehru*, 체코의 마사리크*Masaryk*, 루이지, 이탈리아의 판파니*Fanfani*, 독일의 에르하르트*Erhard* 등 극소수의 지식인이 있다.

권력의 내부로부터 개혁을 시도했던 지식인 그룹에는 페이비언 *Fabian*이나 윌슨*Wilson*, 루즈벨트*Roosevelt* 대통령의 브레인 트러스트를 들 수 있다. 이들은 권력자의 정책 결정에 조언하고 방향을 제시한다.

지식인들은 또 자신들의 욕구를 권력자에 의해 구현시키고자 권력자의 충실한 조언자 역할을 담당한다. 이 경우의 지식인으로는 시라쿠사*siracusa*와 플라톤*Platon*, 왕정복고 이전의 홉스*Hobbes*와 찰스 2세 *Charles* Ⅱ, 케인스*Keynes*와 영국 대장성大藏省과의 관계, 시드니웹 부처와 영국의 자유당 정부, 루즈벨트 대통령과 그의 브레인 트러스트 등이 손꼽힌다.

권력을 합법화시켜 주거나 권력자의 행동을 미화시켜 주고 권력자의 더러운 속옷을 깨끗한 겉옷으로 갈아 주는 역할을 맡은 지식인이 이른바 어용지식인이다. 이 경우의 지식인이 가장 타락하고 반지성적인 그룹이다. 이들은 권력에 빌붙어 온갖 추태와 곡예를 서슴지 않는다. 진시황秦始皇 밑에서 분서갱유를 헌책한 이사李斯, 히틀러를 야수로 만든 괴벨스Goebbels, 단종의 목을 베라고 재촉한 신숙주申叔舟, 언론인 대량 해직을 부추긴 5공정권의 허문도許文道와 이진희李振羲 등 동서고금을 통해 숱하게 많은 어용지식인 군상이 있다. 이와 함께 불의와 부패, 오류에 대해 입을 다문 지식인들을 '피동적인 타락'의 지식인으로 분류할 수 있다.

다음으로는 권력에 대한 비판적인 지식인 그룹이다. 이들은 사회정의의 양식을 소유한 지식인으로서 현실 타파의 진보 성향을 갖고 있다. 따라서 권력으로부터의 박해와 수난을 마다하지 않으면서 진리의 수호자로 나선다. 소크라테스, 예수, 공자孔子를 비롯하여 많은 선지자, 예언자, 선각자, 지식인들의 비판 활동과 저항운동이 지속됨으로써 문명사의 발전이 가능했고 지성의 역사가 승계되었다.

마지막으로 외국지향형의 지식인이다. 이들은 자기 나라의 문화에 극히 비판적이면서 외국 문물을 맹목적으로 숭앙한다. 스스로 코스모폴리탄cosmopolitan으로 착각하면서 사대주의적인 의식에서 벗어나지 못한다. 정신적인 무국적자라고 할 수 있다.

그러나 진정한 지식인이 걷는 길은 수난과 형극의 길이다. 몇 백 년 혹은 몇 십 년 앞을 내다보는 식견 때문에 이단으로 낙인찍히기도 하고 고루한 기존의 틀을 거부하여 반체제 인사로 단죄당하기도 한다. 누대累代를 이어온 전통을 무시하여 '마녀 사냥'을 당하게 되고 기존 종교나 교의에 도전하여 독신죄瀆神罪로 몰리기도 한다. 또 질서에의 안주를 거부하여 아웃사이더가 되기도 하며, 악법에 저항하다가 범법자가 되기도 한다. 독재정치와 전제권력에 항거하다가 정치범이 되는 경우는 아주 흔한 일이다. 십자가에 못박혀 처형된 예수, 유대교에서 탈퇴하여 예수의 뜻을 따르다가 네로에 의해 참수당한 사도 바울로

Paul, 척박한 이 땅에 복음을 전파하다가 순교당한 김대건金大建 신부 등이 성자의 고난이라면, 진리와 소신을 지키면서 독배를 마다하지 않은 소크라테스, 상가집 개 취급을 당하면서도 인의仁義를 설파한 공자의 경우는 현인의 수난이라 해야 할 것이다. 지동설을 주장한 코페르니쿠스*Copernicus*의 은둔과 이를 이은 브루노*Bruno*의 화형, 토머스 모어*Thomas More*의 처형, 스피노자*Spinoza*, 밀턴*Milton*, 볼테르*Voltaire*의 투옥 등 수난은 지성과 양심이 당한 핍박이었다. 굴원屈原, 사마천司馬遷, 이지李贄로 이어져 최근의 방려지方勵之에 이르는 중국 지식인들의 수난, 그리고 조광조趙光祖, 정약용丁若鏞, 신채호申采浩로 승계된 한국 지식인들의 수난 또한 지식인이 겪은 형극의 길이었다.

이들은 하나같이 밤하늘의 샛별과 같은 존재들이다. 진정한 지식인 치고 권력으로부터 수난을 당하지 않은 사람은 드물다. 비판과 저항에는 반드시 수난이 따른다는 권력과 지식인의 역학관계가 이루어져 온 것이 권력의 역사이고 지성의 역사이며 문명사이다.

온갖 박해와 탄압, 회유에도 굴하지 않고 진실과 신념을 지켜온 지식인의 수효는 그리 많지 않다. 백혈구같이 소수가 소금의 역할을 해왔을 뿐이다. 이 책이 추구하는 의도는 바로 이들 행동하는 지식인들의 저항과 수난의 역정을 찾는 데 있다.

베토벤과 헤겔의 차이

프랑스의 철학자 레이몽 아롱*Raymond Aron*은 지식인의 비판 활동의 유형을 기술적 비판, 논리적 비판, 이데올로기적 비판으로 분류했다. 그러나 어떤 유형의 비판 활동이든 간에 양심과 정의의 전제 아래 이루어지지 않으면 파행적일 수밖에 없다. 비평 또는 비판 활동이 편향

적이거나 의롭지 못한 주장이라면 그것이 아무리 미사여구로 포장되더라도 바른 비판이 될 수 없다.

진정한 지식인만이 바른 비판자가 된다. 진정한 지식인은 바른 비판 능력을 갖추기 때문이다. 같은 대학에서 같은 학문을 하고서도 어떤 사람은 어용지식인이 되고 어떤 사람은 순교자적인 지식인이 된다. 마치 같은 물을 마시고도 소는 젖을 만들고 뱀은 독을 만드는 것과 똑같다. 똑같은 대竹를 갖고도 어떤 사람은 천하를 울리는 피리를 만들고 어떤 사람은 인명을 해치는 죽창을 만든다. 지식인의 행동양식도 이와 비슷하다. 지식인이 진실과 정의의 입장에 서느냐, 권력의 편에 서서 안락을 즐기느냐에 따라 소와 뱀, 피리와 죽창의 방향으로 갈라진다.

그러나 지식인의 권력 참여가 무턱대고 죄악시되는 것은 아니다. 정치참여의 모든 경우를 죄악시하는 것은 편협한 흑백논리에 속한다. 문제는 어떤 권력에 어떤 자세로 참여하느냐에 있다.

앞서 지적한 페이비언주의자나 루즈벨트 대통령과 케네디 대통령 정부의 브레인 트러스트를 어용으로 보거나 이들의 정치 참여를 잘못이라고 비판하는 사람은 없다. 뿐만 아니라 드골 정권의 문교상으로 입각한 앙드레 말로André Malraux를 어용문인으로 평가하는 사람도 없고, 닉슨 정권에서 국무장관이 된 키신저Kissinger를 타락한 정치교수라고 험담하는 사람도 없다. 이들은 재야에 있을 때나 제도권에 들어가서도 신념과 정도와 원칙을 지킬 수 있었다. 그들이 선택한 권력이 정통성을 갖는 정부이기 때문이다.

밀로반 질라스Milovan Djilas는 '신계급'을 논하면서 자기가 참가했던 혁명이 새로운 독재와 새로운 귀족계급을 탄생시키는 방향으로 반동화하자 단호한 자세로 그들과 결별하고 추상 같은 비판자로 나섰다.

가혹한 형벌이 뒤따르리라는 것을 충분히 예상하면서 그 길을 택한 것이다. 이것이야말로 지식인의 한 전형이다.

베토벤*Beethoven*은 나폴레옹*Napoleon*에게 바칠 영웅교향곡을 만들었다가 그가 권력에 눈이 멀어 황제에 취임하자 가차 없이 찢어버리고 교향곡을 다시 만들었다. 이것은 지식인의 용기이다. 공자는 위衛의 영공靈公이 환자宦者와 같은 수레를 탔다는 이유만으로 위나라를 떠나서 진나라로 갔다고 한다. 이것은 지식인의 도덕성이다. 조담趙談이 천자와 같은 수레를 탔다고 해서 원사遠絲는 얼굴빛이 변했다고 한다. 이것이 지식인의 순수성이다. 토크빌*Tocqueville*은 나폴레옹의 쿠데타에 반대하여 그에 대한 고발장에 서명한 후 스스로 감옥행을 택했다. 이것은 지식인의 소신이다.

나폴레옹은 '합법성을 유지하기 위해 합법성을 파괴한' 권력자였다. 역사에는 이런 나폴레옹의 아류가 무수히 등장했다가 소멸했다. 많은 유능하고 박학한 지식인들이 권력자에게 의지하여 역사의 진보를 가로막고 패악과 오류를 확대재생산해 왔다. 상황이 바뀔 때마다 자신들의 행동에 아무런 모순도 갈등도 느끼지 않고 권력에 편승하여 일신의 안일을 꾀하는 지식인들이었다. 이 경우의 대표적 사례를 헤겔에게서 발견할 수 있다. 그는 나폴레옹이 예나를 침공할 때(1770~1831년) 친구에게 보낸 편지에서 다음과 같이 썼다.

나폴레옹 황제, 나는 이 세계정신(절대정신)이 말을 타고 시가를 행진하며 그의 대군이 지나가는 모습을 지켜봤다. 이 세계사적 개인이 말 위의 한 점으로 우주정신을 휘몰아 결집시키는 모습은 정말 황홀한 느낌이었다. 이 세계사적 개인은 그 한 점에서 세계를 뒤덮고 세계를 지배하는 것이다.

왜 베토벤과 헤겔의 시각이 이토록 달랐을까. 해답은 이 책을 다 읽을 때쯤 밝혀질 것이다.

프랑스의 철학자 줄리앙 방다*Julien Benda*는 1927년 펴낸 저서 『성직자의 배반』 서두에서 다음과 같이 지적했다.

톨스토이*Tolstoy*가 장교로 복무하던 시절, 행군 도중 한 동료가 대열을 이탈하는 다른 동료를 구타하는 광경을 보게 되었다. 그는 너무 놀라 구타하는 군인을 꾸짖었다.

"동료를 그렇게 다루다니 부끄럽지 않습니까. 성경도 읽지 않았어요?"

그러자 상대방 군인이 대답했다.

"당신은 군대의 규율을 안 읽었군요."

줄리앙 방다는 "이 답변이야말로 지상의 지배를 욕망하는 자를 영원히 유혹할 말이다. 이 답변은 상당히 현명한 것처럼 들린다. 그러나 인간이 세상을 정복하도록 인도하는 것은 정의와 자선행위 그것뿐이다"라고 덧붙였다. '성경의 진리'와 '군대의 규율'로 상징되는 지식인과 권력의 관계를 의미 깊게 함축하고 있다고 하겠다.

위험한 사상가로 낙인찍힌 고대 철학자

오만에 대한 경계를 강조했던 소크라테스

서양에서는 소크라테스 이전에도 지식인이라 부를 수 있는 현자나 예언자, 철학자들이 권력의 박해를 받았다. 그러나 기록으로 나타난 지식인의 수난은 소크라테스로부터 시작되었다.

기원전 399년 아테네 법정에는 소크라테스를 고소한다는 한 장의 서류가 제출되었다. 고소장을 낸 사람은 청년시인으로 유명한 멜레토스*Meletus*, 민중선동가 아니토스*Anytus*, 그리고 연설가 류콘이었다. 그 중에서도 아니토스가 주동 인물이었다. 그는 기원전 403년 반혁명을 통해 복위한 민주주의자의 우두머리 2명 가운데 한 사람이었다. 제피업자로서 많은 재산을 갖고 있던 그는 일찍부터 소크라테스를 위험한 사상가로 지목하고 개인적 혐오와 반감을 품고 있었다. 세 사람의 고소장에는 다음과 같이 씌어 있었다.

"소크라테스는 국가가 인정하는 신을 믿지 않고 새로운 다이모니온 *daimonion*을 끌어들여 청년들을 부패시키고 타락하게 만들었다. 그 죄는 마땅히 죽음에 해당한다."

'다이모니온'이란 '다이몬과 같은 것'이란 뜻으로 소크라테스의 실존의 본질적 계기를 말한다. 소크라테스의 태도 결정에서 대개 금지의 형태로 나타나는 내적인 신의 소리, 마음속으로부터의 경고 등을 의미하는 말이다.

독신죄로 독배 마신 소크라테스

소크라테스는 기원전 469년경 태어났다. 부친은 아테네 제국을 세운 델로스 동맹의 창설자 아리스티데스*Aristides* 가문의 친구였다. 모친은 산파였다고 전한다.

기원전 423년 극작가 아리스토파네스*Aristophanes*가 희극의 주인공으로 삼을 정도로 아테네에서 일찍부터 눈에 띄는 인물이 된 그는 당시 그리스 시민들에게 지식과 도덕을 가르치고 있었다. 그의 주위에는 늘 청년 귀족들이 모여 있었다. 그는 40세 무렵부터 일신의 안락과 가정을 돌보지 않고 아테네의 '등에' 역할을 하고자 애썼다. 등에란 소나 말에 붙어서 소나 말을 따끔하게 쏘는 벌레를 말하는데, 소크라테

아크로폴리스를 중심으로 그린 고대도시 아테네 상상도

스는 아테네 시민들의 부패하고 마비된 양심을 깨우기 위해 등에처럼 따끔하게 쏘는 영혼의 각성운동을 벌였던 것이다.

　소크라테스가 스스로 등에임을 자임하고 나선 것은 그만한 이유가 있었다. 조국 그리스는 강국 페르시아의 침공을 거국적 단결로 물리쳐 승리를 거두고 국위를 사방에 떨쳤으나 이내 극심한 분열 상태에 빠졌다. 1백50여 개의 도시국가가 서로 다투는 등 내란 상태에 빠진 데다가 스파르타Sparta의 침략으로 멸망할 위기에 처하게 되었다. 이런 위기상황에서 그리스는 내부적으로 혁명과 반혁명이 엎치락뒤치락하는 정치적 혼란기를 맞았다.

　스파르타의 후견 하에 민주정치가 폐지되고 30명의 과두정치 체제가 수립되면서 극단적인 공포정치가 실시되었다. 그러나 과두체제는 8개월 만에 붕괴되고 아테네의 민주정치는 다시 부활되었다. 이 과정

소크라테스를 비롯하여 고대 그리스 철학자 군상을 그린 라파엘의 〈아테네 학당〉 1509년

에서 일체의 권위와 사회정의가 무너지고 중상모략과 악성 이기주의가 판을 쳤다. 진리도 양심도 찾기 어려운 이성의 말기적 현상이 나타나기 시작한 것이다.

소크라테스는 분연히 일어섰다. 청년들에게 도덕적인 각성을 촉구하면서 '너 자신을 알라*gnothi seauton*'고 교화시켰다. 그는 아테네에서 지혜가 높고 현명하다는 사람들을 찾아다니며 문답을 통해 진리에 도달하고자 노력했다. 이 때 얻은 결론은, 그들은 모르면서도 자신이 모른다는 것조차 모르고 있는데, 자기는 모르면서 모른다는 것은 스스로 알고 있다는 사실이었다. 즉, 그들에게는 무지의 자각이 없는데 반해 소크라테스는 '무지의 자각'을 알고 있었던 것이다.

아테네의 현인으로서 소크라테스는 시민교육과 진실을 추구하는 일에 열중했다. 때문에 많은 적이 생기고 오해를 낳고 불신을 샀다. 종

국에는 위험인물로 간주되어 고발까지 당하게 된 것이다.

그리스를 한번도 방문한 적이 없으면서 어떠한 그리스 역사서보다 뛰어난 것으로 평가받는 『그리스 역사』 12권을 쓴 영국의 역사가 그로오트*Grote*는 소크라테스를 '종교적 전도자'라고 했다. 헤겔은 그를 철저한 합리주의자로 파악했고 아리스토텔레스는 귀납법과 보편적 인간상의 상징으로 보았다.

소크라테스의 철학과 인생은 '너 자신을 알라'는 한마디에 집약되어 있다. 이 말은 본래 고대 그리스인들이 세계의 중심이라고 생각한 델포이*Delphoe*에 있는 아폴로 신전의 현관 기둥에 새겨져 있는 말이다. 기원전 6~7세기에 활동한 그리스의 일곱 현인賢人 가운데 한 사람인 탈레스*Thales*가 쓴 것으로 전해지지만 확실하지는 않다.

아테네의 아크로폴리스 야경(맨위)
아크로폴리스의 에렉테움(가운데)
공중에서 본 아테네의 아크로폴리스(맨 아래)

원래 이 말은 인간들의 오만에 대해 경계하는 말이었다. 피조물인 인간이 스스로를 망각하고 신의 위치까지 넘보려는 오만을 경계하는 말이었다. 그러나 소크라테스는 이 말에 새로운 생명을 불어넣고 깊은 철학적 의미와 도덕적 내용을 부여하여 자신의 철학과 사상의 명제로 정립했다. 즉, 자기가 자신을 살피는 것, 스스로의 도덕적 성찰과 자각을 촉구하는 명제를 중시했다. 그리고 삶의 방법론으로 연결시켰다. 때문에 소크라테스는 '사는 것이 중요한 것이 아니라 어떻게 사느냐가 중요하다'고 설파했다.

소크라테스는 인생을 바르게 살았다. 그는 우주의 본질이나 자연현상 같은 것에는 별로 관심을 두지 않았다. 그의 철학은 학문의 방법론 따위를 탐구하는 것이 아니라 실천이었다. 말하자면 그의 철학의 대망은 자연이나 형이상학이 아니라 인간이었다. 그는 정의, 용기, 지혜, 덕, 국가 등에 대한 현실적인 물음에 대한 답을 추구했다. 인간은 어떻게 살고 어떻게 죽어야 하는가를 탐구하고 실천한 것이었다.

이러한 소크라테스가 권력과 재산과 쾌락과 탐욕에 젖어 있는 기득

델포이의 아폴로 신전

권 세력에게 밉게 보일 것은 뻔한 일이었다. 당시의 사회에서 가장 간단한 방법은 이단 또는 독신瀆神으로 몰아 처형하는 방법이었다. 소크라테스에게도 어김없이 독신죄와 국민선동죄가 적용되었다.

소크라테스는 5백 명의 배심원에 의해 유죄판결을 받았다. 당시 아테네의 규칙은 먼저 유죄냐 무죄냐를 투표하여 다수결로 결정하고 유죄가 판정되면 죄의 종류를 결정하는 방식이었다. 배심원의 투표 결과, 유죄표를 던진 사람이 30명 많았다. 결국 다수결이 현인을 죽음으로 몰아간 것이다. 민주주의의 발상지인 아테네에서 다수결에 의해 현인을 처형했다는 것은 아이러니가 아닐 수 없다.

유죄로 결정되자 멜레토스는 사형을 제안했다. 그러나 소크라테스는 조금도 굽히지 않고 당당하게 자기 주장을 폈다. 죄의 경감을 위해서 다른 사람처럼 애원하거나 뇌물을 바치지 않았다. 무죄 석방을 시켜줄 터이니 아테네를 떠나 먼 곳으로 가서 침묵 속에 조용히 살아가라는 권력층의 제의를 단호히 거부하고 권력에 굴복하기보다 양심에 순응할 것을 다짐했다.

마지막 변론이 끝나고 2차 투표가 실시되었다. 이번에는 3백60대 1백40으로 사형이 결정되었다. 그의 당당한 변론이 배심원들의 감정을 자극하여 반대하는 숫자가 더 늘어난 것이다. 소크라테스는 최후의 발언에서 다음과 같이 말했다.

이제 나는 여러분한테서 사형선고를 받고, 여러분들의 진리한테 비천과 부정의 죄를 선고받고 이곳을 퇴장한다. 나는 이 판정에 만족한다. 나는 나를 유죄라고 단언한 여러분들에게 앞으로 일어날 일을 예언하겠다. 왜냐하면 나는 지금 죽음이 임박하여 예언력을 가장 많이 발휘할 수 있는 고

렘브란트의 〈명상하는 철학자〉 1632년

비에 처해 있다. 나에게 사형을 선고한 사람들이여, 감히 말한다. 내가 죽은 뒤, 여러분들에게는 내가 여러분들로부터 받은 사형보다 훨씬 더 무거운 벌이 반드시 내려질 것이다. … 이제 떠나야 할 때가 왔다. 나는 죽으러 가고 여러분은 살러 간다. 그러나 우리 중에 누가 더 행복할 것인가. 오직 신만이 알 것이다.

최후 진술을 마친 소크라테스는 법정을 떠나 감옥에 갇혔다. 당시 아테네의 규칙에 따르면 사형선고를 받은 사람은 34시간 안에 독배를 마셔야 했다. 그러나 때마침 델로스 섬으로 신성한 배를 보내는 기간이었고, 이 기간에는 형을 집행하지 않기 때문에 한 달간 형 집행이 미루어졌다.

소크라테스의 막역한 친구인 크리톤Criton은 감옥으로 찾아와서 재판의 부당성을 지적하면서 탈옥하여 다른 도시에서 여생을 조용히 살 것을 권고했다. 또 탈출할 수 있는 계획을 면밀히 세우고 있다는 것도 알려주었다. 그러나 소크라테스는 이 제안을 받아들이지 않았다. 그는 친구에게 말했다.

재판을 받을 때에는 그 결과가 내게 이롭든 해롭든 그 결과에 복종할 것을 서약하고 한 것이다. 이제 사형이라는 불행한 판결이 내려졌다고 해서 탈옥하여 도주한다는 것은 국가에 대한 부정이요 배신행위이며 국법을 무시하고 파괴하는 행위이다. 칠십이 넘은 늙은이로서 신성한 국법을 유린하면서까지 치욕스럽게 생에 집착할 마음이 없다.

마침내 사형 집행의 날이 왔다. 소크라테스는 아내 크산티페와 자식들이 지켜보는 가운데 안색 하나 변하지 않고 간수가 전해준 독배를 태연자약하게 마셨다. 신을 모독하는 것을 가장 피하고 싶고 두려워한 철학자를 아테네 시민들은 독신죄라는 이름으로 죽인 것이다. 소크라테스는 아스클레피오스*Asklepios* 신에게 빚진 닭 한 마리를 갚아달라는 유언을 친구 크리톤에게 남긴 채 사라졌다.

스승의 길 뒤따른 세 제자

소크라테스의 위대한 저항과 수난은 인류의 지성사에 찬연한 전통을 남겼다. 먼저 그의 제자 플라톤*Platon*이 스승의 가르침에 손색이 없는 의로운 길을 걷다가 박해와 핍박을 받았다.

플라톤의 생애에 관해서는 자세히 알려져 있지 않다. 기원전 427년 아테네의 귀족 가문에서 태어난 그는 스무 살 때 소크라테스 문하에 들어가 약 8년간 수학하면서 소크라테스의 영향을 많이 받았다.

외숙 크리티아스*Critias*와 테라메네스*Theramenes*가 과두정치를 이끌

플라톤(왼쪽)과 플라톤 아카데미의 모자이크화(오른쪽)

때, 공직에 들어오라는 보수파의 권유를 받았지만 30인 참주僭主의 폭력적 행위 때문에 거부했다. 과두정권이 몰락한 뒤, 새로 들어선 민주정권에 기대를 걸었지만 아테네의 정치풍토에는 양식 있는 사람이 일할 자리가 없다는 사실을 깨닫고는 정계에 대한 미련을 버렸다.

스승 소크라테스가 유죄판결을 받고 처형당하자, 메가라로 피신한 플라톤은 이집트, 이탈리아, 시칠리아 등지를 여행했다. 돌아와서는 주로 저술 활동을 하였으나 그의 앞날이 평탄한 것만은 아니었다. 40세가 되던 해 시칠리아를 여행했을 때 시라쿠사의 참주 디오니시오스Dionysios 1세의 처남인 디온Dion과 알게 되어 그와의 정신적 교류를 시작했다. 그리고 디온을 통해 참주와 접촉할 기회를 갖고 개혁정치를 제의했으나 오히려 참주의 노여움을 사게 되어 스파르타인에게 노예로 팔리는 불운을 맞았다. 노예선에서 간신히 구출되어 다행히 본국으로 돌아왔지만 악독한 권력자에 의해 하마터면 일생동안 노예 생활을 할 뻔했다.

아테네로 돌아온 플라톤은 아테네 교외에 있는 올리브 숲에 아카데메이아Academeia라고 하는 학교를 세우고 기원전 347년 죽을 때까지 40여 년의 여생을 육영에 바쳤다. 유럽 대학의 기원이 된 이 아카데미는 529년 로마 황제 유스티니아누스Justinianus 1세에 의해서 강제로 폐쇄되었다.

아리스토텔레스Aristoteles는 플라톤의 제자이다. 그는 17세에 플라톤이 세운 아카데메이아에 입학하여 스승 플라톤으로부터 철학 교육을 받았다. 그리고 플라톤이 죽은 뒤에는 아테네를 떠나 여러 도시국가를 여행하면서 견문을 넓혔다. 한때 마케도니아 왕 필리포스Philippos 2세의 궁정에서 그의 아들 알렉산드로스Alesandros의 가정교사를 맡기도

다비드의 〈아테네 학당〉 일부. 플라톤(왼쪽)과 아리스토텔레스(오른쪽)

렘브란트의 〈호머 흉상 앞의 아리스토텔레스〉 1653년

했으나 알렉산드로스가 왕위에 올라 그를 배척하자 축출당했다. 아리스토텔레스의 강직한 성품이 젊은 왕에게 귀찮은 존재였고 정직한 정치, 공정한 행정을 해야 한다는 진언이 권력자에게는 제거의 대상이 된 것이다. 국왕이 된 제자로부터 축출당한 그는 리케이온Lykeion이란 학원을 열어 교육과 저작에 몰두하다가 마케도니아 내란과 관련하여 아테네를 떠나 에우보이아섬의 칼키스로 망명했다. 그리고 그 곳에서 병을 얻어 62세를 일기로 세상을 떠났다.

아리스토텔레스처럼 권력자로부터 심한 핍박을 당한 또 한 사람의 지식인이 그리스의 역사가 크세노폰Xenophon이다. 기원전 430년경 아테네의 유복한 집안에서 태어난 그는 일찍이 소크라테스 문하생이 되었다.

기원전 401년 페르시아의 왕 아르타크세르크세스Artaxerxes 2세의 아우 키루스Cyrus The Younger가 형에게 모반하는 군사를 일으켜 바빌론으로 쳐들어가려고 대군을 모집했을 때 참가했고 쿠나사 전투에서 키루스가 전사하자 1만 명의 그리스 용병대를 지휘하여 눈이 쌓인 아르메니아*Armenia*로부터 흑해 연안을 지나 소아시아까지 온갖 고난을 겪으면서 퇴각했다. 이 때의 사정을 산문 형식으로 기록한 것이 『소아시아 원정기』이다.

스승이 유죄판결을 받고 처형되자 이에 항의한 이유로 아테네에서 추방되어 스파르타의 보호를 받았다. 오랜 망명생활에서 돌아와 『소크라테스의 추억』 『헬레니카』 『방법과 수단』 등의 많은 저술을 남겼다.

페르시아 전투에 그리스 용병으로 참가했던 크세노폰

토지 재분배 주장한 아기스 왕

스파르타의 왕 아기스*Agis* 4세의 출생 연대는 명확하지 않다. 그는 혁명적인 법안을 제안했다가 기원전 240년 처형당한 기록만 전하고 있다.

그 무렵 스파르타에서는 토지와 재산의 자유처분금지 원칙이 무너져 아기스가 즉위할 무렵에는 채무 때문에 몰락하는 시민들이 많았다. 그는 이 위기를 벗어나기 위해 토지와 부의 분배, 가난한 사람들의 빚을 탕감하는 제도를 시도하려 애썼다. 부채를 말소하고 토지를 시민들에게 새롭게 분배하되 인구 수에 따라서 분배해야 한다고 주장했다. 스파르타 시민의 수가 줄어든 상태였으므로 많은 페리오이키(선거권이 없는 자유민)와 거류 외국인들에게 완전한 시민권을 주고 토지를 분배하는 데 있어서 총 1만 9천5백 구획 중 1만 5천 구획을 나누어주려 했다. 그러나 이러한 혁명적인 안에 대해 민중 대표들은 환영했으나 부유층의 반대로 실각하고 망명길에서 귀국한 직후 처형되고 말았다.

왕을 조롱한 우화작가 이솝

이솝*Aesop*의 이야기라고 하면 곧 우화를 가리킨다. 이솝은 기원전 550년경의 사람으로 생애에 대한 기록은 거의 없다. 기원전 5세기의 역사가 헤로도토스에 따르면 원래 추악한 노예였으나 뛰어난 기지로 해방되어 리디아의 왕 크로이소스*Croisos*에게 사랑을 받았다고 한다. 1세기 때의 이집트 기록을 보면 그는 사모스 섬에 살던 노예였고 주인에게 자유를 얻어 리쿠르고스*Lycurgos* 왕의 수수께끼를 풀기 위해 바빌론에 갔으며 델포이에서 죽음을 맞은 것으로 되어 있다. 또 다른 설에는 '고기를 물고 있는 개'라는 우화가 왕을 조롱했다는 혐의를 받아 노예로 팔려갔다고 전한다.

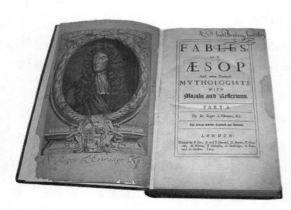

1704년 런던에서 발행된 『이솝 우화집』(왼쪽)
벨리스케스의 〈이솝 초상화〉
1639~40년(오른쪽)

그 우화는 다음과 같다.

"개가 고기를 물고 개천을 건너고 있었다. 그 때 물속에 비쳐진 제 그림자를 보고 자기보다 더 큰 고기를 문 다른 개인 줄 알았다. 그 개의 고기를 빼앗기 위해서 제 것을 떨어뜨리고 뛰어들었다. 결국 개는 모든 것을 잃고 말았다. 한 쪽은 처음부터 없었던 것이고 제 것은 물에 떠내려가고 말았으니 그의 손에 들어온 것은 아무것도 없었다."

염통이 도려진 비간

동양에서는 고대부터 식자에 대한 박해가 심했다. 역사가 오랜 중국의 경우, 잦은 왕조 교체와 지역 분할로 인해 숱한 식자들이 권력의 박해를 받아야 했다.

중국 역사상 가장 오래된, 그리고 가장 가혹한 수난을 받은 지식인은 비간比干이 아닐까 싶다. 그는 상商나라의 왕족이었다. 중국 고대의 2대 폭군이라 할 걸傑과 쌍벽을 이루는 주紂의 숙부이다. 상나라의 28대 왕인 신왕辛王이 바로 주라는 폭군이다. 비간은 그의 숙부였다.

비간의 무덤에서 발견된 공자의 친필 비문

주왕紂王은 당초 재치와 용력이 있었으며 언변도 뛰어났다. 그래서 한때 큰 뜻을 품은 명군이 될 것으로 기대를 모았던 군왕이었다. 그러나 유소씨有蘇氏의 난을 정벌할 때, 유소씨가 바친 달기의 미모와 교태에 빠져 학정을 간하는 현신들의 말을 듣지 않았다. 정사는 팽개치고

밤을 새워 주지육림의
잔치를 벌였다. 게다가
달기 또한 여러 가지 잔
인한 형벌을 고안해 내
어 무고한 백성들을 극
형으로 일삼는 고약한
취미를 가지고 있었다.
주왕과 달기는 구리 기
둥에 기름을 발라 숯불
위에 걸쳐 놓고 죄인으
로 하여금 그 위를 걷게
하여 미끄러져서 타 죽
는 광경을 보면서 웃고
즐겼다고 한다.

중국 쓰촨성에서 발굴된 상나라 때의 청동 마스크(위)와
상나라의 수도 은허의 발굴 현장(아래)

조세는 해마다 과중
하게 늘어나고 악독한
형벌로 다스리게 되자
백성들의 원성이 사방
에서 들끓어 민심이 조정을 떠났다. 주왕의 배다른 형이 여러 차례 간
언했으나 듣지 않으므로 울분을 느끼고 나라를 등진 채 떠나기도 했
다. 마침내 숙부인 비간이 나섰다.

비간은 학문이 깊고 마음이 어질어서 널리 백성들의 추앙을 받는 몸
이었다. 그는 사흘 동안 왕의 곁을 떠나지 않은 채 간언했지만 주왕은
끝내 듣지 않고 도리어 노발대발했다.

"숙부가 그토록 현명한 말을 한다면 필경 성인들이 이야기하는 인仁의 소치일 것이오. 듣자하니 성인의 염통에는 일곱 개의 구멍이 있다고 하는데, 불행히도 나는 아직 그 구멍을 구경하지 못했소. 그러니 이 기회에 내 눈으로 한 번 똑똑히 봐서 그 진위를 확인해야겠소."

그러나 비간은 배를 가르고 가슴을 찍어 염통이 드러날 때까지 신념을 굽히지 않았다. 포악한 달기를 추방할 것과 왕의 패덕을 꾸짖으며 선정을 당부했다. 이와 같은 폭정으로 하여 하夏나라의 신왕癸王과 상나라의 신왕辛王을 한데 묶어 '걸주桀紂'라는 말이 생겨났고 그 말은 곧 폭군의 대명사가 되었다.

고사리 먹다가 굶어죽은 백이숙제

백이佰夷와 숙제叔濟는 지금의 산시성山西省 융지현永濟縣에 숨어 살았던 형제이다. 이들은 지금의 허베이성河北省인 고죽군孤竹君 루룽현盧龍縣의 아들로서 아버지는 동생 숙제를 특히 사랑하여 그로 하여금 가계를 잇게 할 생각이었다. 백이는 아버지의 이런 뜻을 미리 알고 있었으므로 아버지가 사망하자 곧 집을 떠나 유랑 생활에 들어갔다. 숙제도 자기가 가계를 잇는다는 것은 도리에 어긋나는 일이라고 하여 역시 유랑길에 올랐다.

얼마 후, 형제는 길에서 우연히 만났고 이때부터 두 사람은 여러 나라를 전전하면서 문물을 익히고 많은 인사들과 사귀었다. 오랜 세월이 지난 다음, 이들 형제의 조국인 은나라는 주나라에 의해 멸망했다. 백이와 숙제는 주의 무왕이 은나라 징벌에 나서자 "부왕께서 돌아가시고 그 장례조차 치르지 않은 지금, 상복을 걸친 몸으로 창과 칼을 잡는다는 것은 있을 수 없는 일이다. 효도의 길이 아니다"라고 하면서 거듭 간언했으나 무왕은 듣지 않고 오히려 참수하려 들었다.

다행히 강태공姜太公의 만류로 생명을 건져 융지현에 있는 수양산首陽山으로 피신했다. 이들 형제는 비록 굶어 죽는 한이 있더라도 결코 주나라의 곡식은 먹을 수 없다고 하면서 고사리를 뜯어먹으며 살다가 굶어죽었다. 두 형제의 수난은 중국 지식인의 한 전형으로 전해진다.

'상가집의 개' 공자

공자는 기원전 552년 춘추전국시대 노나라에서 태어났다. 지금 산둥성山東省에 있는 취푸曲阜가 그의 고향이다. 세 살 때 아버지를 잃고 어머니의 손에서 자랐다. 집이 가난하여 관리 생활로 생계를 꾸려갔는데 회계가 매우 정확했다.

공자는 한때 노나라의 대사관大司寇이란 관직에 올라 국정에 참여했다. 지금의 법무장관과 비슷한 관직이다. 그의 나이 52세 되는 해였다. 그는 국정 개혁을 4년 만에 순조롭게 성공했다. 그러나 권력자들의 배척을 받아 위衛나라로 도피할 수밖에 없었다. 55세 때였다. 이때부터 그에게는 기나긴 수모와 빈곤의 세월이 시작되었다. 주유천하에 나섰으나 가는 곳마다 핍박과 수모를 받았다. 광匡에서 두려움을 당하고 송宋에서는 액厄을 치렀다. 정鄭나라와 위나라에서는 방황했고 진陳과 채蔡나라에서는 궁지에 몰리는 등 간고의

12년간 핍박과 수모를 당했던 공자

공자가 강의를 하던 산둥성 취푸의 살구대(위)와 황제들의 비가 있는 정자(아래)

연속이었다. 심지어 어떤 지방에서는 그의 초라한 몰골을 보고 '상가
집의 개와 같다'고 조롱하는 사람도 있었다. 돌팔매를 당하기도 했고
도둑으로 몰리기도 하는 등 시련과 수모가 계속되었다.

공자는 뒤늦게 고향으로 돌아와 저작과 교육에 전념하여 많은 저술
을 남기고 3천여 제자를 가르쳐.유학을 정립했다.

순자와 한비자

춘추전국시대라면 주나라의 쇠락과 더불어 나타나기 시작한 각 지
역 제후들의 준동과 융적의 무리가 창궐하여 중국 역사상 일찍이 예가
드문 혼란기 4백80여 년을 말한다. 진나라 시황제가 천하를 통일할 때
까지 중국 대륙은 그야말로 혼란과 상쟁이 그칠 날이 없었다. 이런 혼
란 시대에 지식인이 온전할 수 없었다. 순자旬子가 제나라에서 한때나
마 참소당하고 한비자韓非子, 등석鄧析 등이 권력으로부터 심한 박해를
받았다.

한비자의 출생 연대는 미상이다. 한韓나라 서공자庶公子로서 이사李
斯와 함께 순자에게서 학문을 배웠다. 유학에 조예가 깊었으며, 특히
형명법술학形名法術學을 연구했다. 한나라의 국세가 날로 기울어지는
것을 걱정하여 우국의 정을 담은 글을 한왕에게 올려 진언했으나 받아
들여지지 않았다. 진나라가 공격해오자 그는 직접 사신으로 나서서 화
평이 잘 이루어졌으나 젊어서 함께 동문수학한, 진의 재상 이사의 간
책에 몰려 기원전 232년 독살당하고 말았다.

등석은 정나라 사람으로 재상 자산子産의 정치를 비판했다가 죽음
을 당한 인물이다. 자산의 패도통치를 비판했다가 기원전 500년 처형
당하고 말았다.

진리를 위한 순교자

진리는 영원한 것

지식인과 선지자들이 생명을 걸고 추구하면서 수호하려는 궁극적인 가치는 진리이다. 진리란 무엇인가. 형식논리학으로는 논리법칙에 모순되지 않는 명제를 말한다. 참된 것眞이라는 명제가 지닐 수 있는 논리적인 치値이기 때문에 이러한 것을 '진치眞値' 또는 '진리치眞理値'라고 한다.

객관적 진리란 무엇인가. 유물론에서는 인간이 의식하든 하지 않든, 다시 말해서 '객관적'으로 이루어지고 있는 사물의 참된 존재양식을 말한다. 보다 사전적인 해석을 시도한다면, 참된 이치, 그리고 어떤 명제가 사실에 정확하게 맞아 있는 것, 또는 논리의 법칙에 모순되지 않는 경우에도 모든 사람에게 타당하다고 인정되는 인식의 내용을 일컫는다. 이러한 전제에서 영국의 사상가 존 러스킨John Ruskin은 진리에 대해 다음과 같은 독특한 견해를 밝혔다.

신을 부정하는 사람도 인간 본연의 심정과 양심을 부정하지는 못할 것이다. 이 본연의 심정과 양심은 신에게 속해 있다. 이런 점에서 볼 때, 인간은 누구나 자기 자신 속에 신의 모습을 지니고 있다. 사랑할 때 기쁘고 화를 낼 때 괴롭고 부정한 일을 봤을 때 분개하고, 자기를 희생했을 때 행복을 느낀다는 점에서 인간은 누구나 신과 일체가 된다는 것은 의심할 여지가 없다. 그러므로 인간은 자기의 양심이 가르치는 길을 배반하면 결국 하늘의 신을 더럽힐 뿐만 아니라 이 땅 위에 있어서의 신의 모습도 더럽히는 것이 된다. 양심이 이르는 길을 따르면 따를수록 사람은 신의 이름을 밝히고 그 힘과 빛을 받을 것이다.

러스킨의 견해가 아니더라도 인간의 보편적인 이성과 양심은 진리와 정의를 추구한다. 다만 생활의 양상에 따라 내용과 방향이 달라질 뿐이다. 압제자의 진리와 피압자의 진리는 본질은 같을지라도 형식에 있어서는 다르다.

진리는 정의의 개념과 상당한 차이가 있지만 정의의 가치는 변화무쌍하다. 예컨대, 프랑스의 파스칼Pascal이 『팡세』에서 "위도가 3도 틀리면 법률의 조직이 바뀐다. 자오선子午線이 진리를 결정한다. 불과 수년 동안에 법률의 조목이 바뀐다. 기묘한 정의여, 한 줄기 강의 지배를 받다니, 피레네 산맥의 이쪽에서는 진리인 것이 저쪽에서는 오류이다"라고 말한 데서 잘 나타나고 있다.

진리의 개념은 지구의 자오선에 따라 바뀐다. 자오선뿐만 아니라 시간의 간격에 의해서도 정의는 바뀔 수 있다. 그러나 진리는 정의처럼 바뀌지 않는다. 진리는 영원하기 때문이다. 진리는 살아 있는 유기체인 것이다.

영국의 시인 밀턴은 1644년에 '진리생존설'을 주장했다. 그는 자유롭고 공개된 경쟁이라면 진리는 반드시 살아남는다고 했다. 그는 『아레오파지티카*Areopagitica*』라는 자신의 저서에서 "진리와 오류를 맞붙여 싸우게 하자. 자유롭고 공개된 대결에서 진리가 패배한다고 보는 자가 누구인가"라는 명제를 통해 진리생존설을 전개했다.

집필된 것은 절대로 죽는 것이 아니다. 그것을 써낸 정신과 똑같은 효과를 가진 살아 있는 힘을 갖고 있다. 그런 까닭에 인간의 중요한 이 부분을 다루는 데 있어서 아무도 이를 죽이지 않도록 주의해야 한다. 진리를 살육하는 것은 신과 같은 형태의 인간을, 현인을 살육하는 것과 같은 것이며, 좋은 책을 살육하는 것은 그 현인의 일부를 살육하는 것이 되고 만다.

밀턴은 교회와 국가 권력에 의한 진리와 선의 독립적 관리를 비판하면서 언론 출판의 사전 검열이나 발행허가제를 없애고 자유롭게 개인에게 맡겨두면 결국 사회적인 진리만이 살아남게 된다고 주장했다.

진리를 향한 지식인과 선각자들의 고행과 수난의 진정한 가치는 진리만이 인류 구원의 보편적인 가치이기 때문이다. 이 가치를 위해 지식인들은 수난과 박해를 마다하지 않고 고행의 길을 택했다.

예수와 바울로

예수 그리스도는 유대의 헤로데*Herod* 왕이 통치하던 시대에 목수 요셉의 약혼녀 마리아에 성령으로 잉태되어 베들레헴에서 출생했다. 나자렛에서 살다가 서른 살에 요르단 강에서 세례자 요한*John the Baptist*으로부터 세례를 받고 40일간 광야에서 기도한 다음 하늘나라의 재림과 유대 민족의 회개, 사해동포주의, 진리와 사랑의 생활에 의

한 하느님의 은총을 절규하고 많은 기적을 행했다.

예수는 율법학자의 허위와 독선을 맹렬히 비판했고, 신전 제사의 이권에 결부된 악덕 상인들을 축출한 데 이어 로마 정치의 전횡과 착취를 공격했다. 이에 유대교 지도자들은 예수를 올리브산에서 체포했다. 그리고 예루살렘 성전 언덕에 위치한 재판소가 아닌 대사제의 저택에 구금했다.

유대인들의 최고 의회인 산헤드린 *Sanhedrin* 은 예수를 빌라도 *Pilate* 총독에게 고소했다. 빌라도 앞에서 검사로 등장한 산헤드린은 예수가 백성들에게 소란을 일으키도록 선동하고 세금을 못바치게 했으며 자칭 '그리스도요 왕'이라고 했기에 고소한다고 논고했다. 갈릴리-유대 지방에서 민중을 선동하고 국가 전복을 꾀했다는 것, 로마 황제에게 세금 바치는 것을 반대했다는 것, 스스로 그리스도이며 왕이라 자칭했다는 세 가지가 공소 내용이었다.

루벤스의 〈십자가에 매달리다〉 1610년

빌라도 총독은 예수를 국사범으로 몰아 사형선고를 내렸다. 국사범에게는 유대 율법이 명하는 바에 따라 투석형에 처해졌어야 했다. 그러나 예수에게는 십자가형이 주어졌다. 정치범으로 몰려 십자가에 못박히는 고난을 당한 것이다. 십자가형은 당시 최대의 모욕적인 처형

카라바조의 〈바울로 성인의 개종〉 1600년

방법이었다.

　바울로는 기독교를 유럽과 로마제국에 전파하고 각지에 교회를 건설하는 등 가장 공이 많은 전도자였다. 원래 유대교 신자였으나 부활하는 예수의 강림을 믿고 회심回心하여 그리스도교의 전도자가 되었다. 그는 전도 중에 유대인으로부터 다섯 번, 로마인으로부터 세 번의 태형을 당했고, 돌로 얻어맞은 일이 한 번, 전도를 위한 항해에서 난파당한 것이 세 번이었다. 해상에서 하루 밤낮을 꼬박 표류하여 고기밥이 될 뻔한 일도 있었다.

　유대인들의 반감을 사기도 했던 바울로는 카이사레아에서 2년, 로마에서 2년 감금당하기도 했다. 67년경 로마에서 네로Nero 황제에 의해 참수형을 당해 순교했다.

그리스도교인들에게 박해를 가하기 시작한 로마의 네로 황제(왼쪽)와 도미티아누스 황제(오른쪽)

초기 그리스도교인들의 수난

로마제국은 3세기에 걸쳐 그리스도교인들을 가혹하게 탄압했다. 박해의 시작은 64년 네로 황제 때부터였으며 전국적인 박해는 데키우스 *Decius* 황제와 디오클레티아누스*Diocletianus* 황제 치세 중에 일어났다.

공식적인 첫 박해는 로마를 불태운 일과 함께 발생했다. 네로 황제는 방화 혐의를 그리스도교인들에게 덮어 씌웠다. 가혹한 박해가 따랐고 많은 순교자가 생겼다. 바울로와 사도 베드로도 이 때 순교한 것으로 전한다.

두 번째 박해는 95년 도미티아누스*Domitianus* 황제 때 일어났다. 원래 세금 납부를 거부한 유대인들에게 박해를 가하기 시작했으나 그리스도교인들도 유대교의 한 종파로 알려졌기 때문에 덤으로 박해를 당했다. 도미티아누스 황제는 특별히 예배를 거절하는 그리스도교인들

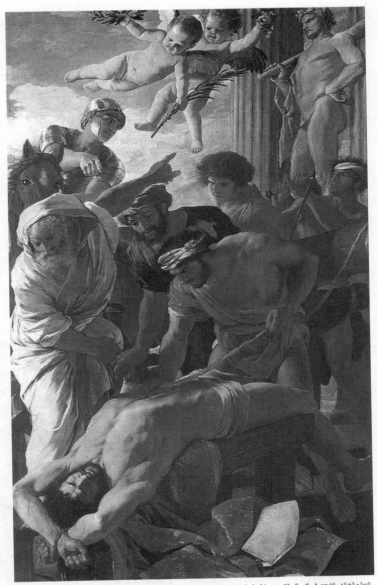

푸생의 〈에라스무스의 순교〉 1628년. 에라스무스는 디오클레티아누스 황제 때 순교한 성인이다.

을 반역자로 정죄하여 처벌했다. 이 때 사도 요한은 팟모의 섬으로 추방당했다.

세 번째 박해는 마르쿠스 아우렐리우스*Marcus Aurelius* 황제 때 일어났다. 스토아 철학을 탐닉한 황제는 기독교를 사상적으로 싫어했다. 그는 사람을 동원하여 그리스도교인들을 색출하여 처벌했다. 천재지변이 생기면 교인들의 탓으로 돌려 학살했다. 수천, 수만의 순교자들이 생겼다. 『변증론』의 저자 유스티누스*Justinus*도 순교했고 소아시아의 스미르나 주교인 폴리카르포스*Poiycarp*도 심한 고문을 당한 끝에 순교했다.

네 번째는 콤모두스*Commodus* 황제 때 일어났다. 마르쿠스 아우렐리우스 황제에 비해 비교적 덜한 편이었지만 원로원의 원로인 아폴로니우스*Apolonius*를 참수했고 그 부당함을 호소한 하인들도 처형했다.

콤모두스 황제(왼쪽)와 마르쿠스 아우렐리우스 황제(오른쪽)

브렌치노의 〈성 로렌스의 순교〉 1545~50년

레네퓨의 〈카타콤의 순교자〉 1855년(위)과 멤링의 〈성 세바스티아누스의 순교〉 1475년(아래)

데키우스 황제(왼쪽)와 세베루스 황제(오른쪽)

　다섯 번째는 세베루스Severus 황제의 만행이었다. 그는 유대교와 함께 그리스도교를 금지시켰다. 알렉산드리아에서 발생한 박해가 가장 심했다. 초기 그리스 교회의 뛰어난 신학자 오리게네스Oregenes의 아버지 레오니데스가 순교한 것도 이 무렵이었다. 카르타고에서는 세 사람의 동료와 함께 페르페투아Perpetua와 텔리키타스Telicitas라는 두 여인이 순교했다.

　여섯 번째는 데키우스 황제 때 있었다. 황제는 칙령으로 모든 사람들이 국가에 충성을 맹세하며 국가의 신상神像 앞에 절하도록 명령했다. 이 명령은 많은 독실한 그리스도교인들을 가려내는 계기가 되었고, 수많은 성도들이 박해와 순교를 당했다. 이 때 로마, 예루살렘, 안티오크의 주교들이 모두 처형되었다.

　일곱 번째 박해는 발레리아누스Valerianus 황제 때였다. 그는 처음에는 그리스도교를 허용하였으나 국가의 재난이 계속되자 그리스도교인들의 탓으로 돌려 박해를 가했다. 258년 박해령을 선포하여 주로 교회 지도자들을 처벌했는데, 로마의 주교 식스투스 2세*Sixtus* Ⅱ와 카르타고의 주교 키프리아누스*Cyprianus*가 이때 변을 당했다. 스페인 타라고나 지방의 주교 프루투어스*Frutuosus*와 2명의 부주교들도 함께 죽임을 당했다.

종교의 세속화와 이교 탄압

1세기 이래 로마제국 내에서 크게 늘어난 그리스도교는 수많은 박해에도 불구하고 점차 교세를 늘려 313년에는 마침내 콘스탄티누스 황제*Constantinus*가 밀라노 칙령을 선포함으로써 공인했다. 그리고 4세기 말의 테오도시우스 황제*Theodosius*는 통치의 필요상 그리스도교를 국교로 인정했다.

라파엘로의 〈콘스탄티누스 황제의 세례〉 1520~24년

그리스도교가 국교로 인정되기까지에는 수많은 신자들이 로마 권력에 의해 순교당하는 박해가 자행되었다.

로마는 교인들을 신성모독, 반체제 활동, 사회혼란 조성 등의 이유로 화형, 참수, 십자가형 등 온갖 박해와 형벌을 가했다. 그런 속에서도 신자가 늘고 교세를 강화시킨 초기의 그리스도교 신앙은 매우 생동적이었다. 사회적인 하류계층과 멸시받은 민중들의

셉브레라스의 〈테오도시우스 황제에게 세례를 주는 암브로시우스〉 1745년

종교적·윤리적 요구가 그리스도교로 모아졌고, 따라서 그리스도교는 다시 사회윤리의 요청적 산물이 되었다.

교세의 확장에 따라 새로운 교인들의 교육과 지도가 필요하게 되었고, 그 일을 맡은 사람은 일종의 정신적 관료계급으로서 승려계급을 형성했다. 이 승려계급은 점차 힘을 갖게 되고 납세와 병역 의무에서 면제되었다. 그에 따라 교회는 갈수록 부유해지고 교세는 강화되었다. 중세기의 전개와 더불어 마침내 모든 것이 교회의 재산이 되었다. 교회는 거대한 지주계급으로 변했다. 이제 그리스도교는 정치권력과 교권을 장악하는 절대권력으로 세속화하여 지식인들과 선지자들을 이

교도와 이단 마녀로 몰아 가혹한 탄압을 자행했다.

봉건제 사회에서도 세속의 권력이나 교회에 반대하는 사람은 있게 마련이었다. 그들은 자신의 철학사상을 창조할 조건이 없었기 때문에 그들의 반항적 행동 속에서 그들의 단편적 사상들을 간접적으로나마 엿볼 수 있다. 그 주된 것이 '이교異敎사상'이었다.

이교사상은 11세기경부터 널리 전파되기 시작했다. 가장 유명한 것이 카다르Cathari파이며, 그 영향은 프랑스, 이탈리아와 게르만 일부에 널리 퍼졌다. '카다르'란 '순결하다'라는 뜻의 그리스어 'katharos'에서 유래되었다.

이교사상은 농노들과 도시 빈민들의 반봉건사상을 반영했다. 그것은 평등과 봉건적 의무의 철폐를 요구했고 교회의 교칙을 반박했다. 그들이 교회에 반대했던 것은 봉건질서만이 아니라 교회조차 악마가 세운 것이라고 생각했기 때문이다. 따라서 교회와 지배세력은 그들을 잔혹하게 탄압했다.

이교사상과 관련된 것이 교회에 의해 이단이라고 지탄되었던 반항자들이었다. 이단사상은 교회 내에 있는 진보적인 사람들의 교회와 봉건지배에 대한 불만을 반영한 것이다. 이들은 민중에게 지나친 세금을 징수하는 교회와 봉건귀족에 대항했다. 그들은 "신이 세계를 창조했을 때, 아담은 밭을 갈았고 이브는 베를 짜고 있었는데 도대체 어디에 귀족이 존재했단 말인가"라고 하면서 봉건제도를 비판했다. 그러나 교회 권력은 그들을 '마녀사냥'과 '이단심문'을 통해 혹독한 탄압으로 맞섰다.

이단심문의 희생양 위클리프와 후스

중세 그리스도교의 전성기에는 악마나 마녀의 존재를 굳게 믿고 있었다. 과학이 발달되지 못했던 그 시대에는 불가피했겠지만 교회가 세속적 권력에 손을 대고 사회의 지도적 구실을 맡게 되면서부터 사태는 점차 악화되었다. 교회는 권위를 높이기 위해 악마의 존재를 강조했고 사회는 덩달아 그 박해에 열중했기 때문이었다.

마녀는 악마의 앞잡이며 악마와 통하여 초자연적인 마력을 얻어 인간에게 해를 끼친다고 여겼다. 고약하게 생긴 노파의 모습을 띠고 있고 검은 고양이를 데리고 다니며 빗자루에 걸터앉아 공중을 날고, 때로는 황폐한 사원에 모여 악마를 숭상하며 막 죽인 어린이의 피를 온몸에 바르고는 괴상한 춤을 추는 따위의 속성이 있다고 믿었다.

이렇듯 마녀가 야릇한 모습과 능력을 노골적으로 나타낸다면 식별하기에 아무런 어려움도 없겠으나 현실의 마녀는 교묘히 위장을 하고 뭇 사람들 틈에 숨어 있다고 했다. 따라서 철저하게 마녀사냥을 할 필요가 있다는 것이었다.

마녀사냥은 교회의 심문책審問責의 지도 아래 유럽 각지에서 실시되었는데, 그 방법이 매우 독단적이고 잔인했다. 대부분 오해나 적의에 찬 밀고로 잡힌 용의자들이었으나 체제에 비판적인 지식인과 종교인, 이교도, 이단자들도 포함되었다.

마녀사냥의 '노획물'이 된 이들은 심한 고문을 받은 끝에 화형당했으며 그 뼈는 가루로 만들어 공중에 뿌려졌다. 프랑스를 구했던 잔 다르크*Jeanne D'arc*를 마녀로 몰아 화형시킨 것은 잘 알려진 일이다. 그러나 이것은 빙산의 일각에 불과했다. 마녀사냥은 중세뿐만 아니라 인류가 이성과 휴머니즘에 눈떴던 르네상스를 거쳐 18~19세기에 이르기까지 뿌리 깊게 이어져 정치적 반대세력의 제거에 악용되었다.

마녀 시험 광경. 마녀사냥은 비판적인 지식인 탄압의 수단이기도 했다.

마녀사냥이 불법적(?)인 박해라면 이단심문은 합법적(?)인 방법의 비판세력에 대한 탄압수단이라 할 수 있다. 이단심문은 정통적인 기독교의 비판자와 반체제 인사들에 대한 일종의 재판 절차와 같은 것이었다. 가장 대표적인 이단심문은 1414~18년 스위스 콘스탄츠에서 열린 공의회이다. 여기에는 대립교황인 요하네스*Johannes* 23세를 비롯하여 성직자 외에도 각국의 왕이나 귀족들이 많이 참석했다. 여기에서 종교개혁의 샛별이라 불리는 위클리프*John wycliffe*와 후스*Jan Hus*를 심판했다.

위클리프는 영국의 성직자로서 로마 교황의 영국 간섭을 애국적 태도에서 배척하여 국가권력이 교황으로부터 독립할 것을 주장했다. 최초로 성서를 영어로 번역했고 가톨릭교회의 개혁을 주장하여 종교개

브라운의 〈보호자인 유약한 존에게 신약성서 번역본을 읽어주는 위클리프〉 1847~48년

혁의 선구자가 되었다. 그가 이단심문에 소환당한 교설敎說의 핵심은
다음과 같다.

첫째로 빵과 포도주는 단순히 물질에 지나지 않으므로 제단 위의 비
적秘跡의 실체는 그것들에게 옮겨지지 않는다. 둘째로 교황이 악인이
며 악마의 동료라는 것이 밝혀졌을 경우, 그러한 교황은 신도들 위에
군림하는 권능을 갖지 못한다. 셋째로 성직자가 재산을 갖는 것은 성
서에 어긋난다.

후스는 보헤미아의 종교개혁가로서 1402년 이래 프라하대학 총장
과 베들레헴 성당의 주임신부를 지냈다. 위클리프의 영향을 받아 교회
개혁운동에 나섰다가 교회의 파문을 받고 이단자로 낙인찍혀 분형焚
刑당했다. 그는 이단
심문에 소환되었을
때 자신의 구령예정
설救靈豫定說을 다음
과 같이 주장했다.

첫째로 성스럽고
보편적인 교회란 오
로지 하나로서, 그
것은 구령예정자의
단체 모임이다.

둘째로 교황의 존
엄은 황제의 세속적
권력에서 비롯된 것
에 지나지 않는다.

교회개혁운동에 나섰다가 이단자로 낙인찍혀 화형당한 후스

셋째로 교회에 대한 복종이란 교회의 사제가 날조한 것으로 성서에 명시된 권위를 지니는 것이 아니다.

이러한 주장은 로마 가톨릭교회에 대한 정면 도전이었다. 따라서 교회의 입장에서 가장 가혹한 탄압을 내린 것은 당연한 것이었다.

이단의 낙인이 찍힌 두 사람의 운명은 같지 않았다. 위클리프는 권력자의 비호를 받아 영국 땅에서 활동하다가 중풍으로 죽었으나 후스는 1415년 화형에 처해졌다.

체코 프라하에 있는 후스 기념비

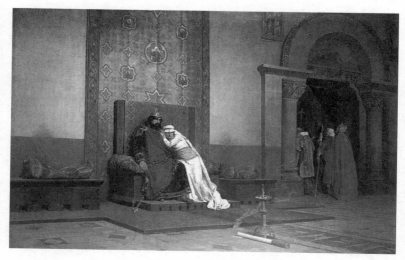
로랑스의 〈998년 로베르 2세의 파문〉 1838~1921년

파문과 사문의 힘

교회 권력이 종교인과 지식인에게 제재를 가하는 방법 중에 파문이라는 것이 있다. 파문은 가톨릭교회가 가치와 존재의 모든 것을 상징하는 상황에서 엄청난 형벌에 속한다. 파문당한 자와 교회와의 관계가 단절된다는 선언을 의미한다. 일단 파문이 결정되면 교회 내에서의 권리와 특권이 사라지고 성사聖事에 참여할 수 없을 뿐만 아니라 정치적으로도 법의 보호가 박탈되어 국외추방을 당하는 것이 상례이다. 많은 종교개혁자와 지식인들이 파문이라는 형벌에 시달렸다. 철학자 스피노자 역시 교회로부터 파문당했다.

마녀사냥과 이단심문, 파문이 종교적인 박해인 데 비해 사문査問제도는 언론 출판에 대한 지식인 박해의 수단이었다. 교황 루키우스 Lucius 3세는 1184년 최초로 사문제도를 도입했고 교황 그레고리우스 Gregorius 9세는 1231년 사문의 권한을 현저히 확대시켰다. 사문제도는 모든 서적에 대한 검열과 그 결과에 발해지는 인쇄물 금지령의 위반을 처벌하는 절차를 포괄하고 있었다. 사문에 의해 금서로 지적된 서적은 제작은 물론이고 전파와 독서, 소지가 금지되었고 집필자는 엄중한 처벌을 받아야 했다.

교황권의 강화와 함께 이단적인 견해에 대한 박해는 더욱 심해져서

라파엘로의 〈그레고리오 9세〉 1508~11년

1251년 교황 인노켄티우스*Innocentius* 4세는 사문 절차에 고문을 허용함으로써 사상 표현의 자유뿐만 아니라 직접적으로 사유思惟의 자유까지 침해했다. 이에 따라 많은 지식인들이 수난과 박해를 받게 되었음은 췌언贅言이 필요치 않을 것이다.

반대파 권력에 희생된 키케로

키케로*Marcus Cicero*는 기원전 1세기 초엽의 철학자, 사상가로서 로마를 대표하는 지식인이었다. 그는 웅변가이자 법률가로서, 그리고 정치상의 논책 외에 풍부한 그리스적 교양으로 철학과 수사학, 변론술에 관해 많은 저술을 남겼다.

기원전 106년 아르피눔이라는 작은 시골에서 태어나 당시의 신흥

계급인 기사 가문의 출신이었지만 훗날 로마로 진출하여 집정관*consul*이라는 고위직에 올라 공화정시대에 정치가로서 활약했다.『국가론』『마리리우스법 변호』『카틸리나*Catilina* 탄핵』『필리피카』『공화정에 관하여』등의 저작은 그의 활약상을 나타내 준다.

키케로는 로마의 집정관으로 재임 중 아프리카의 속주 총독을 지낸 카틸리나의 음모를 폭로하여 국부國父의 칭호까지 받았다. 카틸리나는 기원전 64년 콘술 선거에서 키케로에게 패한 뒤 그 이듬해 다시 선거에 출마했으나 또다시 패하자 용의주도하게 지지자들을 규합하여 무장반란을 꾀했다. 부채를 말소하고 부유한 시민을 처벌하자고 주장하면서 로마 사회에 불만을 품은 퇴역 군인들, 기회주의자들, 불만 귀족들의 호응을 얻으려 했던 것이다. 그러나 키케로가 원로원에서 그의 반역 음모을 폭로하는 열변을 토함으로써 그의 반란 계획은 수포로 돌아가고 말았다.

맥카리의 〈카틸리나를 비방하는 키케로〉 1882~88년

카틸리나가 처형된 뒤, 키케로는 원로원 파에 속해 카이사르*Caesar*에 대립했으므로 그에 의해 추방되었다. 얼마 후 화해했으나 카이사르가 죽은 뒤 권력을 장악한 안토니우스*Antonius*에 의해 죽임을 당했다. 기원전 43년이었다.

권력자와의 악연-세네카와 보이티우스

세네카*Lucius Seneca*는 기원전 4년 스페인 중남부 지방의 코르도바에서 태어났다. 부친은 당시 유명한 수사학 교사였으며 가정은 비교적 부유했다. 그는 젊어서부터 변호사, 작가로서 명성을 떨쳐 궁정에 출입하다가 클라우디우스*Claudius* 황제의 비妃 발레리나 메살리나에게 미움을 사서 8년 간 코르시카 섬으로 추방되었다. 이 때의 고독한 체

혼토르스트의 〈세네카의 죽음〉 1590~1656년

보이티우스의 『철학의 위안』 1253년판

험이 스토아 사상에 관심을 갖게끔 만든 것으로 알려졌다.

그 후 네로의 가정교사를 지낸 것이 인연이 되어 네로가 황제가 되자 고문관이 되었다. 그러나 네로의 만행이 심해지자 이를 비판하고 은퇴했다가 내란음모에 가담했다는 혐의로 체포되어 혈관에 독액을 주사하여 자살(65년)했다.

그는 플라톤적인 영혼과 육체의 이원론을 바탕으로 인간에 있어서의 근원악 존재를 인정하고 악에 있어서의 인간의 평등과 인간애를 강조한 후기 스토아학파의 대표적인 철학자였다. 특히 철학자로서 로마의 혹독한 독재정치를 반대하여 권력자로부터 수모와 탄압을 받아 스스로 목숨을 끊은 수난의 지식인이 되었다.

보이티우스Boethius는 로마제국 최후의 지주 출신 철학자이자 정치인이다. 그는 테오도리쿠스의 통치를 비난했기 때문에 반역죄로 기소된 원로원 의원 알비누스를 옹호했다는 이유로 반역 혐의와 신성모독죄의 혐의를 받았다. 이 죄로 고발당한 사람은 결백을 입증하기 어려웠다. 결국 그는 유죄 판결을 받고 524년 처형당했다. 그는 옥중에서 형이 집행되기를 기다리는 동안 『철학의 위안』 5권을 집필했고 아리스토텔레스의 『논리학』을 라틴어로 번역하여 중세의 아리스토텔레스 연구가 시작되었다. 그밖에 『삼위일체론』 『정통신앙에 대하여』 등 괄목할 만한 저술을 남겼다.

교회 권력에 저항한 지식인

베루게테의 〈성 도미니크가 앉은 종교재판〉 1500년

5세기 말엽, 서로마의 붕괴로부터 동로마제국이 멸망한 15세기 중엽까지의 약 1천 년을 흔히 중세 또는 암흑시대라고 부른다. 좀더 구체적으로는 그레고리우스*Gregorius* 1세가 교황으로 즉위한 590년부터 1517년 마르틴 루터*Martin Luther*의 종교개혁 때까지를 가리킨다.

역사상의 시대 분류로는 고대와 현대의 중간 시대이므로 중세라 칭하고 문화적으로는 헬라-로마문화

시대에서 로마-게르만문화 시대로 옮기는 과도문화의 과정이다. 북방민족의 침략으로 476년 서로마제국이 멸망하여 게르만족과 라틴족이 어울려 건설한 새로운 봉건문화의 긴 역사였다.

중세를 암흑시대라고 부르는 것에서도 알 수 있듯이 이 시대는 가톨릭교회의 절대적인 권력으로 일체의 비판과 이설이 용납되지 않았다. 앞에서 살펴본 것처럼 이교도나 체제비판적인 지식인과 성직자들을 마녀사냥, 종교재판 등의 극형적인 형벌로 다스리는 그야말로 지식인의 암흑시대였다. 따라서 많은 깨어있는 지식인과 성직자들이 화형을 당하거나 파문당하는 등 혹독한 핍박을 겪어야 했다.

정치와 종교의 모든 권력을 한 몸에 지닌 교황의 전횡이 무려 1천여 년 동안이나 지속되었다. 그리고 신정神政이라고 불리는 교황의 절대권력은 특히 지식인들에게 가혹했다. 그러나 저항하는 지식인들의 의지와 자기희생은 마침내 암흑의 장막을 걷고 르네상스 시대를 열었다.

권력의 폭압이 심한 만큼 저항의 힘도 역시 강했다. 중세시대의 대표적인 지식인의 수난과 저항의 역정을 살펴보자.

망명지에서 『신곡』 집필한 단테

단테Alighieri Dante는 1265년 이탈리아의 피렌체에서 태어났다. 집안은 몰락한 소귀족 출신으로 교황파인 구엘프당Guelf 백파에 속했다. 다섯 살 때 어머니를 잃고 열두 살에 아버지마저 여의는 불운 속에서도 좌절하지 않고 문법과 수사학 등을 가정교사에게 사숙하고 수도원 수도사로서 성장했다.

단테는 유년 시절에 우연히 만난 베아트리체Beatrice라는 아름다운 소녀로 인해 정신적으로 강한 충격을 받은 것이 인생의 큰 전기를 이루었다. 아홉 살 때 우연히 만난 그 소녀를 다시 9년 뒤에 우연히 만났지만 그녀는 이미 다른 사람과 결혼했고 스물 네 살의 꽃다운 나이에 세상을 떠났다.

단테는 그녀가 죽은 후로 학문 연구에 온힘을 기울였다. 당시 피렌체는 정치적인 암투가 심해서 황제와 교황의 패권 쟁탈전이 치열하여 단테의 운명에 큰 영향을 끼쳤다.

이탈리아 무명화가가 그린 단테의 은유적 초상화 1530년

들라크루아의 〈지옥의 단테와 베르길리우스〉 1822년

　정치적 격동 속에서 단테는 피렌체의 행정장관 격인 프리오레에 선임되었다. 그의 나이 35세였다. 그는 이 때부터 교황의 부당한 지시를 거절하여 대치하게 되었고, 1301년 8월 교황 보니파키우스*Bonifacius* 8세와 제휴한 프랑스의 발루아 샤를*Charles* 왕이 군대를 이끌고 와서 피렌체를 점령하는 정변을 맞았다. 이 때 단테는 반대파들의 증오의 대상이 되어 반역 등의 죄목으로 추방선고를 받았다. 이어 만일 피렌체 근처에 들어오면 화형에 처한다는 형벌이 추가되었다.

　이 때부터 숨질 때까지 19년간의 길고 긴 망명생활이 시작되었다. 훗날 그는 당시의 심경을 "나그네처럼, 거지처럼 이탈리아의 방방곡곡을 유랑했다. 정말 내게는 돛도 없고 키도 없었다. 비참한 곤궁에서 불어오는 메마른 바람 따라 이 항구 저 물굽이로 쫓겨 다니는 배였다"고 토로했다.

1315년 5월 피렌체 정부는 일반 추방자들에게 대사령을 내렸다. 일정한 벌금을 물고 공개적인 사죄를 하면 귀국을 허락한다는 조건이었다. 그러나 단테는 단호히 거부했다. 대사령에 응하는 것은 무고한 자기의 죄를 용인하는 결과라는 이유에서였다. 단테의 서한을 보자.

이것이 15년 가까운 추방의 고난 후에 고향으로 돌아오게 하는 고마운 소환의 방법인가. 이것이 온 천하에 명백히 드러난 무죄에 대한, 각고의 피땀과 노고에 대한 보상인가. 이런 방법으로는 고향에 돌아가지 않겠다. 만약 다른 방법이 찾아진다면 나는 사랑하는 고국으로 서둘러 돌아갈 것이다. 만일 피렌체에 돌아가는 것이 불가능하다면 나는 영원히 고국에 돌아가지 않겠다. 어느 곳에 있든 태양과 별은 바라볼 수 있지 않은가. 동포들의 눈 앞에서 오욕과 오명을 뒤집어쓰면서까지 구태여 돌아가지 않겠다. 푸른 하늘 밑이라면 어디서든 귀한 진리를 명상할 수 있는 법이다. 어디에 산들 산 입에 거미줄이야 치겠는가.

이러한 신념에서 단테는 죽음도 두려워하지 않았고 망명도 마다하지 않았다. 일가족 추방에도 비굴해 하지 않으면서 불후의 작품인 『신곡』을 집필했고 『향연』 『속어론』 등 걸작을 남겼다.

1321년 56세의 그는 망명지에서 『신곡』의 천국편을 끝내고 수난의 일생에 종지부를 찍었다. 『신곡』 지옥편의 한 구절을 보자.

나를 거쳐 슬픈 고을로 가는 것
나를 거쳐 끝없는 괴로움으로 가는 것
나를 거쳐 멸망된 족속 안으로 드는 것이다

정의는 내 지존하신 창조주를 움직여

천주의 힘, 그 극한 지혜와

본연의 사랑이 나를 만들었다

신념 때문에 귀향을 거부한 단테(피렌체의 우피치 미술관 소장)

내 앞에 창조된 것이란 영원한 것 외에 또 없어

나는 영겁까지 남아 있으니

여기 들어오는 너희, 온갖 희망을 버릴 것이다.

신의 존재 증명을 의심한 오컴

실체가 필요 이상으로 늘어나서는 안 된다는 경제원리를 자주 사용
하여 '오컴의 면도날'이라 불리는 윌리엄 오컴 *William of Ockham* 은
1285년 영국 서리의 길포드 근교에 있는 오컴이라는 마을에서 태어났
다. 그의 가족이나 유년기에 대해서는 거의 알려진 것이 없다. 다만 어
린 나이에 프란체스코 수도회에 입학한 것으로 전한다.

오컴은 옥스퍼드대학에서 학문적 수련을 쌓아 학사 학위를 취득한
뒤 불과 스무 살에 모교에서 교편을 잡았다. 오컴이 옥스퍼드대학 교

14~15세기 당시의 옥스퍼드대학 광경

수로 있으면서 정립한 '유명론唯名論'은 파리와 독일에서 큰 반향과 공감을 불러일으켜 14~15세기에 '근대적 방법'이라고 불리면서 많은 대학에서 위세를 떨쳤다.

그의 저서 『백어록百語錄』은 1백 개의 신학적·철학적 명제들을 정리한 내용이다. 그는 이 책에서 유한자의 인과관계의 연쇄로 신의 존재를 증명함이 불가능함을 피력하고 있다. 신의 존재 증명의

1873년 뮌헨에서 발간된 오컴의 저서

가능성 자체를 부정하지는 않았지만 신의 유일성, 무한성 등은 오로지 개연성만을 가진 것으로 주장했다. 신의 존재나 그 속성에 관한 것은 순리적인 논증만으로 이해할 수 없고 계시에 의해서만 확신할 수 있다는 것이다. 철학적인 신의 존재 증명에 회의를 표명한 셈이다.

이러한 그의 학설과 저술이 신정神政의 절대시대에 무사할 리 없었다. 1324년 그가 쓴 명제 중 51개가 이단적이라는 옥스퍼드대학 총장의 고발로 아비뇽Avignon의 교황청에 소환되었다. 그는 4년 동안 이곳에 붙잡혀서 그가 주장한 철학적·신학적 명제들이 오류이므로 이를 철회할 것을 요구받았지만 거부했다.

오컴을 보호했다는 이유로 파문당한 루트비히 4세

교황으로부터 파문당한 오컴은 간신히 탈출하여 당시 신성로마제국 황제인 루트비히*Ludwig* 4세의 보호를 받으면서 뮌헨의 프란체스코 수도원에 머물며 20여 년 동안 저술을 통해 교황에 대항했다. 그는 루트비히 4세에게 "칼로 나를 보호해달라. 나는 펜으로 황제를 지키겠다"고 했다. 당시 루트비히 황제는 교권敎權과 속권俗權에 대한 견해 차이 때문에 교황과는 불화 관계에 있었고 오컴을 보호하고 있다는 이유로 파문을 당했다.

1340년대 말 유럽 전역에 흑사병이 돌았는데, 오컴은 1349년이나 1350년경 전염되어 사망한 것으로 알려졌다. 그는 뮌헨의 프란체스코회 교회에 묻혔으나 다시 알 수 없는 곳으로 옮겨졌다. 그가 지은 저서들은 압수되어 불태워지고 오랫동안 금서로 취급되어 햇빛을 볼 수 없었다.

오컴은 진리에 대한 사랑과 날카로운 비판의식을 가진 신앙인으로서 교회의 권위를 세속화로부터 수호하고 현실세계에 눈을 돌릴 것을 요구하면서 교황의 전횡에 도전한 지식인이었다. 때문에 수난과 역경에서도 신념을 굽히지 않는 '무적의 모험가'로 평가받고 있다.

중세시대 정치와 종교의 모든 권력을 한손에 쥐었던 교황청

교황청에 공개토론 제의한 피코

피코 델라 미란돌라 *Pico della Mirandola*는 1463년 이탈리아 피렌체에서 태어난 휴머니즘의 철학자이다. 놀라운 기억력으로 젊어서부터 주위의 시선을 모았다. 피렌체 문화가 가장 융성했을 시기의 중심적 인물이 되어 『인간의 존엄에 대하여』 『존재와 일자에 대하여』 『헤프타플로스』 등 저술을 남겼다.

그리스어, 히브리어, 아라비아어 등 여러 나라의 언어에 능통하고 강직한 성격으로 많은 지식인들의 숭앙을 받았다. 그는 당시 많은 학자들을 로마에 초청하여 스스로 9백 개 조목의 교리 명제를 제출하면서 토의할 것을 제의했으나 교황청의 협박으로 중지당했다.

1485년 파리의 소르본대학에서 연구한 것을 토대로 로마로 돌아와 『인간의 존엄에 대하여』를 출판했다. 그러나 교황청은 이 저서를 이단으로 판정했다. 그는 「변명서」를 써서 항변하려 했지만 교황청은 1487

년 6월 피코와 그에 동조하는 사람들을 투옥, 이단심문에 걸겠다고 위협하고 나섰다. 이런 위협 속에서도 그의 「변명서」가 출판되자 교회는 그 해 8월에 피코를 파문했다. 그는 로마를 탈출하여 프랑스로 갔다.

그러나 이곳에서도 체포된 그는 서류와 금전을 압수당한 채 다시 수감생활을 했다. 그 뒤, 피렌체에 정착하여 피렌체의 제후 로렌초 데 메디치Lorenzo de' Medici의 보호를 받으며 지냈는데, 죽기 한 해 전에 교황 알렉산데르Alexander 6세에 의해 이단죄를 사면받았다.

그는 피렌체에서 32세의 짧은 생애를 마쳤다. 그의 저서 『인간의 존엄에 대하여』에 적힌 '인간'에 관한 단상을 보자.

아담, 너에게는 특정한 위치도, 고유한 모습도, 특권도 주어지지 않았다.

피코를 보호해 주었던 피렌체의 제후 로렌초 데 메디치의 무덤

자기의 선택과 숙고에 의해서 스스로가 원하는 위치와 모습과 특권을 가질 수 있도록 했던 것이다. 자연은 자기 이외의 것에 의해 결정지어지며 신이신 나에 의해서 미리 씌어진 법 안에 속박되어 있다. 그러나 너는 무엇으로부터도 방해와 속박이 없는 스스로의 의지와 상담하면서 그 의지에 따라 그것을 결정하면 되었던 것이다. 이 세상의 모든

것을 잘 볼 수 있도록 너는 하늘의 것도 아니다. 또 죽어야 할 것으로 만든 것도 아니다. 그렇다고 해서 불멸의 것으로 만들어진 것도 아니었다. 자기 스스로 자유로이 가장 높은 기준에 의해 생각한 대로 어느 형태에 자기를 만들어 내도록 만들었던 것이다. 짐승과도 같은 것으로 추락할 수도 있었고 원한다면 신과 같은 높은 것으로 올림을 받을 수도 있었던 것이다.

정치이론가 마키아벨리

『군주론』으로 널리 알려진 마키아벨리*Niccolú Machiavelli*는 1469년 피렌체의 귀족 가문에서 태어났지만 유년 시절과 성인이 된 후 얼마 안 되는 시기에 관해서는 거의 알려진 바가 없다. 메디치가의 로렌초가 죽은 후 공화정이 수립되었을 때, 그는 10인회*council of ten*의 장관이 되었다. 그의 나이 29세였다. 그 후 14년간 피렌체 정계의 중심부에서 자신의 직위를 유지해 나갔다.

14~16세기 르네상스 문화의 중심지였던 이탈리아의 피렌체 전경

그러나 1512년 공화정이 끝나고 메디치가가 다시 권력을 장악하자 그는 체포되어 투옥되었다. 심한 고문을 받고 석방되었으나 정계에서 떠나 시골에서 살도록 엄격한 규제가 뒤따랐다. 그는 유배지에서 정계로의 복귀를 꿈꾸며 메디치가에 아부하기 위해 『군주론』을 집필했다. 그러나 카를*Kral* 5세의 스페인군이 로마를 점령한 해인 1527년 자신의 희망을 실현시키지 못하고 58세를 일기로 죽었다.

군주의 환심을 사기 위해 집필된 『군주론』은 노골적인 권모술수의 장려서이며 성악설적인 인생관의 전개로서 가히 후세에 마키아벨리즘이라 불릴 만한 내용이다. 하지만 후대인들이 가볍게 해석하는 것처럼 단순히 천박한 권모의 교과서로만 간주되는 것은 큰 오류이다. 적어도 이 책에는 인생과 인성에 대한 달관이 있다. 그래서 나폴레옹이 "다키스는 소설을 쓰고 기본*Gidon*은 평판이 좋은 말을 골라 썼음에 불과하지만 마키아벨리는 그의 저술 중 한 줄도 빼 놓을 것이 없다"고 말했다.

유사 이래 출간된 책 가운데 가장 혹평이 심한 저서의 하나인 『군주론』의 탐독자 이름을 열거하면 아주 인상적이다.

샤를르 5세와 메디치가 출신으로 프랑스의 왕 앙리*Henry* 2세의 왕비인 카트린 드 메디시스*Catherine de Medicis*는 극구 찬양했다. 영국의 크롬웰*Cromwell*은 원고 사본을 구해 탐독했고, 프랑스의 앙리 3세와 앙리 4세는 피살되었을 때 이 책을 갖고 있었다. 프로이센의 프리드리히*Friedrich* 2세 역시 애독자였고, 루이*Liuis* 14세는 침상의 반려자로 삼기도 했다. 1815년의 워털루 전투 때 나폴레옹은 전용마차 속에서 이 책의 주석본註釋本을 읽었다. 독일 제국의 건설자 비스마르크*Bismarck*는 그의 충실한 제자였고, 히틀러는 침실에다가 이 책을 갖추어 놓고 끊임없이 격려의 원천으로 삼았다. 무솔리니*Mussolini*도 마찬 가지였다고 한다. 마키아벨리는 『군주론』에서 인간 본성에 관한 견해 를 다음과 같이 적고 있다.

인간에 대한 인식을 정치학의 토대로 정립한 역사철학의 창시자 마키아벨리(피렌체의 우피치 미술관 소장)

우리는 인간에 관해서 다음과 같은 일반화를 시도할 수 있다. 즉, 인간은 감사할 줄 모르고 수시로 변하며 거짓말쟁이에다 사기꾼이다. 위험을 피하여 이익에 대해서는 대단히 탐욕적이다. 당신은 그들이 당신 편일 때는 잘 대해 준다. 그들은 위험이 멀리 있을 때는 당신을 위해서 그들의 재산과 생명, 심지어 가족들의 위험을 무릅쓰고라도 당신을 위해서 죽을 것처럼 행동하지만 막상 당신이 위험에 빠지면 돌변하여 당신을 배반할 것이다. … 인간이란 그들로 하여금 두려움에 떨게 하는 자보다는 사랑을 베풀도록 하는 자에게 위해를 가하는 것을 덜 걱정하는 존재이다.

죽은 뒤 이단자로 낙인찍힌 코페르니쿠스

코페르니쿠스는 1473년 폴란드 비수아 강 근처의 토루인에서 출생했다. 부친은 상인이었으며 모친은 독일계였다. 열 살 때 아버지를 잃

고 에르미란트의 주교로 선출된 외삼촌 바첸로데 신부의 집에서 양육되었다. 17세에 크라쿠프대학 신학과에 입학했다. 이 때 철학 교수인 불제프스키의 수학과 천문학 강의에 흥미를 느껴 수학과 천문학을 공부했다. 외삼촌의 도움으로 이탈리아에 유학하여 볼로냐대

폴란드 토루인에 세워진 코페르니쿠스 동상

마테코의 〈코페르니쿠스〉 19세기 말

학에서 그리스 철학과 천문학을 공부한 다음 잠시 귀국했다가 다시 파도바대학에서 의학과 교회법을 익히고 귀국했다. 귀국한 후에는 외삼촌이 죽을 때까지 고문역을 맡았다.

1512년 외삼촌이 죽자 그 뒤를 이어 플라우엔부르크 성당의 신부가 되었다. 이 때부터 야간에 옥상의 망성대望星臺에서 자신이 만든 측각기測角器를 이용하여 천체 관측을 시작하면서 인류 역사상 일대 전환이라 할 '태양중심적 우주관'을 정립하기 시작했다. 당시 관측은 정밀하지 않았으나 이론가로서 태양을 중심으로 하는 행성계行星系의 개념을 구축해 나가기에는 충분했다. 1514년 파울 주교로부터 교회력의 개정 심의를 위한 종교회의에 참석할 것을 요청받았지만 거절했는데, 교황청 공인교리인 천동설天動說에 이의를 다는 것을 피하려 한 것으로 짐작된다.

당시 그리스도교적 우주관을 뒤엎는 지동설은 가톨릭교회의 권력을 근본에서부터 흔드는 이단 중의 이단적인 언설이었다. 마땅히 화형에 처해질 범죄행위였다. 그는 바로 이런 위험을 느껴 학설을 가슴에 파묻어 둔 채 36년간 발표하는 것을 꺼려 했던 것이다.

그러나 코페르니쿠스가 지동설을 완성하여 『천체의 회전에 관하여』

폴란드의 무명화가가 그린 〈코페르니쿠스〉 1580년경

라는 제목의 원고를 완성했다는 소문이 전해지자 종교인과 천문학자들의 비난과 음해가 높아졌다. 온갖 협박과 테러 위협이 자행되기도 했다. 당국의 탄압을 꺼려 오랫동안 출판을 거부해 오던 코페르니쿠스는 마침내 친구들의 권유를 받아들여 출판했다. 라이프치히의 신학자 오지안더Osiander의 지혜가 큰 도움이 되었다.

오지안더는 이 책을 출판하면서 태양이 정지해 있다는 가설은 행성 운동의 계산을 간단하게 하기 위한 편리한 수단일 뿐이라는 서문을 끼워 넣었다. 물론 코페르니쿠스의 양해 없이 오지안더가 집필한 것이다. 그의 의도는 분명했다. 책은 단순히 천문학도들의 편의를 위한 가설을 담고 있을 뿐이며, 지구가 움직인다는 것은 사실도 아니고 있을

법하지도 않은 내용이므로 진지
하게 다룰 것은 못 된다는 것을
앞세워 적대적인 비판과 탄압을
피하려 했던 것이다. 그래서 서
문의 제목도 '이 저술의 가설 독
자들에게'였다.

오지안더의 교묘한 노력 덕분
에 교회 당국은 이 책의 혁명적
인 중요성을 간과했고 인류사는
그야말로 코페르니쿠스적 전환
을 가져왔다. 코페르니쿠스는
이 책의 초판본을 손에 쥐고서
조용히 숨졌다. 그러나 탄압은

코페르니쿠스의 『천체의 회전에 관하여』 1543년판

1543년 그가 죽은 뒤에 나타났다. 코페르니쿠스는 이단으로 낙인찍혔
고 그의 제자들은 엄청난 박해를 받아야 했다.

가톨릭교회가 이 책을 금서로 규정하고 코페르니쿠스를 이단으로
낙인찍은 이유는 다음과 같다. 태양이 중심이며 지구 둘레를 돌지 않
는다고 하는 전제는 어리석고 불합리하며 신학적으로 거짓일 뿐더러
성서에도 분명히 어긋난다는 것이다. 또 지구가 태양 주위를 회전하며
중심이 아니라는 두 번째 전제는 불합리하며 철학적으로 허위인 데다
가 신학적인 견지에서 볼 때 진정한 신앙에 반대된다는 것이다.

유토피아를 꿈꾼 성인 토머스 모어

토머스 모어는 중세시대의 상징적인 저항과 수난의 지식인이었다.

인간의 악덕에 대한 분노, 횡포한 교회와 국왕의 전제에 항거하여 마침내 권력의 노여움을 사서 기요틴의 제물로 사라진 인물이었다. 신념을 위해 죽음을 택한 그의 행동은 어리석은 일일까.

1478년 법률가로서 기사 작위를 수여받고 고등법원 판사가 된 존 모어 경의 맏아들로 태어난 그는 어릴 적부터 언젠가 위대한 인물이 될 것이라는 말을 들을 만큼 총명했다.

사후 4백 년만에 성인 반열에 오른 토머스 모어

명했다. 부친의 권유로 15세 때 옥스퍼드대학에서 법학을 전공하면서도 틈틈이 라틴어와 그리스어 문학작품을 탐독하고 신학에도 관심을 두었다. 당시의 석학 에라스무스 *Erasmus*와 친교하며 그의 많은 영향을 받았다.

1494년 부친의 뜻에 따라 런던에서 법을 공부하고 1501년 변호사 자격을 취득한 그는 1515년 통상 문제로 네덜란드에 건너가 외교 교섭에 수완을 발휘하기도 했다. 또 공정한 집무와 심오한 식견으로 헨리*Henry* 8세의 신임을 받아 국왕의 고문관으로 활동했다. 1523년 서민원(하원) 의장으로 선출되었으며 옥스퍼드대학과 케임브리지대학의 대학 재판관으로 임명되었다. 1527년 프랑스 대사직을 무사히 끝내고 돌아와서는 대법관으로 임명되었는데, 지식인에게 평탄한 시간은 극

포브스의 〈하원의 자유를 옹호하는 토머스 모어〉 연도미상(영국 성 스티븐 홀 소장)

히 짧았다.

그 무렵, 헨리 8세는 적출의 남자 왕위 계승자를 얻으려는 열망으로 아라공*Aragon*의 캐서린*Catherine* 왕비와 이혼하고 앤 불린*Anne Boleyn*과 결혼하고자 로마 교황에게 이혼허가 신청을 냈다. 캐서린 왕비는 아들 2명을 포함하여 모두 6명의 아이를 낳았으나 그 가운데 1553년 잉글랜드 여왕으로 즉위한 메리*Mary*를 제외하고는 모두 사산이거나 어린 나이에 죽었다.

교황은 헨리 8세의 요청을 거부했다. 아첨배들이 이런 기회를 놓칠 리 없었다. 영국에서 교황 세력을 몰아내고 영국 국왕을 영국 국교의 최고 교주로 삼아 교황과 같은 권력을 부여하자는 법안을 국회에 제출한 것이다. 오늘에서 보면 민족주의적인 애국운동일 수도 있겠지만 당시 가톨릭의 세계관에서는 반역행위에 다름 아닌 처사였다.

모어는 이 법안을 단호히 반대하고 나섰다. 아무리 국왕이라 하더라도 종교의 교리를 무시하는 행동을 용납할 수 없다는 지식인의 양식에 따른 저항이었다. 노발대발한 국왕은 모어에게 왕명을 거부한 반역죄를 씌워 1534년 런던탑에 유폐시켰다. 모어는 옥중에서도 굴하지 않고 『시련과 위안』이라는 책을 썼다. 한 나라의 국왕이 종교 신앙에까지 독재권을 행사하는 것은 절대로 있을 수 없기 때문에 신앙과 양심의 자유를 수호하기 위해 싸우며 박해받는 모든 인사들을 적극 지지한다는 내용의 저서였다.

독재권력이 이런 저술 활동을 용인할 리 없었다. 책이 완성되기도 전에 종이와 펜을 몰수당했다. 그러나 모어는 굽히지 않고 휴지에 숯 조각으로 집필을 계속했다. 그 해 캐서린과의 결혼을 무효화하고 앤

불린의 소생에게 왕위계승권을 부여하는 이른바 '계승률'이 확정되면서 모어에게도 여기에 서약하면 석방하겠다는 제안이 있었다. 이럴 경우, 지식인은 약해지고 혼란스러워진다. 누구에게나 진리나 신념 때문에 생명을 내놓는 것이 쉬운 일은 아니다. 인간에게 생명에 대한 애착은 마찬가지이기 때문이다. 반면에 참 지식인의 성가가 나타나는 계기가 되기도 한다. 진정한 지식인은 생명을 버릴 때가 되면 목숨을 초개처럼 여기고 백절불굴의 자세로 불의와 오류에 대항한다.

모어는 『유토피아』를 쓸 만큼 올곧은 지식인이었다. 인간 구원의 이상향을 그린 그는 세속의 권력에 자신의 신념을 팔 수 없었다. 국왕의 제의를 단호히 거부했고, 결국 1535년 57세를 일기로 단두대의 이슬로 사라지고 말았다.

사형이 집행되는 순간, 작두 위에 머리를 높이고 "반역죄를 범한 일이 절대로 없는 내 수염은 다치지 않도록 하라"고 말하면서 긴 수염을 쓰다듬으며 죽어갔다는 일화가 전한다. 침착하면서도 유머가 풍부한 인품을 마지막 순간까지 유감없이 보여준 것이다.

토머스 모어를 처형한 헨리 8세는 인류사에 빛나는 한 지식인을 죽인 살인자로 기록되고 있지만 모어는 순교한 지 3백 50여 년이 지난 1886년 영국 교회에 의해 복자福者의 반열에 올랐고, 1935년에는 성렬聖列에 추존되는 등 영원한 성망을 누리고 있다. 권력과 지식인이 대결할 때, 단기전에서는 항상 후자의 패배로 나타나지만 장기전에서는 전자의 패배로 확정된다는 역사법칙의 준엄함을 그의 죽음이 다시 한번 확인시켜 준 것이다.

신앙과 양심의 자유 때문에 토머스 모어가 갇혀 있던 런던탑(왼쪽)

양심으로 행동한 중세유럽 선각자

지식인의 기본적인 조건은 양심의 길을 좇는 것이다. 아무리 비판적이고 행동력이 강한 지식인이라 하더라도 그것이 양심적으로 바른 일이 아니면 악인의 악행과 다를 바 없다.

사람으로서 마땅히 가져야 할 바르고 착한 마음을 양심이라고 한다. 바르고 착한 마음이란 정직하고 선한 마음을 포함한다. 양심에 대해 사전적 해석을 필요로 한다면 도덕적인 가치를 판단하여 정선正善을 명령하고 사악邪惡을 물리치는 통일적인 의식, 특히 자기의 행위에 관해 선악과 정사正邪의 판단을 내리는 본연적이고 후천적인 자각을 뜻한다고 하겠다.

양심에 관해 프랑스의 철학자 루소는 보다 설득력 있게 설명한다. 루소는 "양심은 불가오류적不可誤謬的이다. 왜냐하면 양심만이 진실을 판단할 수 있기 때문이다. 만약 당신의 양심이 아무것도 비난하지 않으면 당신은 결백하다. 그런 점에서 양심은 어떠한 심판도 두려워하지 않는다"고 지적했다.

양심을 가리키는 영어 'conscience'의 어원은 '함께 안다'는 뜻이다.

'함께 아는 것'은 대화하는 방법밖에 없다. 따라서 지식인은 도덕적인 가치를 판단하여 바르고正 선善한 것을 명령하고 사악을 물리치는 양심에 좇아 이웃과 사회와 함께 알고 행동해야 하는 책임과 의무가 따르는 것이다.

하지만 비록 양심적인 입장에서 바른 삶을 산다고 하더라도 그것이 사회적인 관심에 침묵한다면 한갓 은사隱士나 도덕가일 수는 있어도 지식인은 아니다. 지식인이 일반적인 식자나 전문가 또는 기술자와 구별되는 점이 여기에 있다. 지식인 역시 어떤 분야의 전문가이긴 하지만 전문가가 반드시 지식인인 것은 아니다. 미국의 사회학자 에드워드 쉴즈는 "지식인이란 성스러운 것에 대해 탁월한 감수성을 나타내며 우주의 본성이나 사회를 지배하는 법칙 등에 대해 비범한 성찰을 보내는 존재"라고 평가한다. 하지만 탁월한 감수성이나 비범한 성찰만으로 지식인의 역할을 다한 것으로 인식한다면 이것은 전문가나 기능인의 역할과 혼동하고 있는 것이다.

헤겔은 1806년 나폴레옹이 독일의 예나를 침공할 때 포성 밑에서 '정신현상학을 완성하기 위함'이라는 구실로 한적한 장소를 찾는 데만 정신이 팔렸고, 쇼펜하우어 Scgopenbauer 역시 1813년 나폴레옹에 대항하는 독일인들의 봉기에 철저히 무관심했던 것으로 알려지고 있다. 때문에 이들을 저명한 학자라고 할 수는 있어도 진정한 의미의 지식인으로 부르는 데 거부반응이 나오는 것이다.

한말의 문인 강위姜瑋는 『삼정책三政策』이란 훌륭한 사회 비판의 저서를 남긴 분이다. 그런데 인근 농민들이 봉기하고자 격문을 써 달라고 하자 거절했다고 한다. 강위 역시 문인으로 부를망정 지식인이라 하기는 어렵다고 하겠다.

여기서 우리는 칼 마르크스*Karl Marx*의 "철학자는 여러 가지 방식으로 세계를 해석하는 일밖에는 하지 않았다. 문제는 세계를 개혁하는 일이다"는 행동의 논리를 전부 수용하지는 않는다고 해도 실천성이 전혀 없는 양심, 행동력을 보이지 않는 지식인의 나약함을 찾게 된다.

중세의 어둠을 헤치고 르네상스의 동트는 새벽을 연 지식인 가운데는 나약한 지식 전문가도 있었고 온몸을 불태운 용기 있고 행동으로 실천하는 지식인도 있었다.

여명을 잉태한 새벽의 어둠

14~16세기에 걸쳐 중세의 어둠을 뚫는 새로운 시대의 정신운동이 남부 유럽의 여러 도시에서 일기 시작했다. 이 운동의 중심은 봉건제와 교회에 반항하며 영원이나 내세보다 현실생활을 긍정하고 인간의 개성을 자유로이 발휘하여 중세적 속박에서 인간정신을 해방하려는 내용이었다. 이른바 르네상스 운동이었다.

이탈리아를 중심으로 예술, 철학, 문학 부문에서 일기 시작한 르네상스 운동은 북부 쪽으로 옮겨가면서 로마 가톨릭 교황의 권위를 부정하며 성서와 신앙의 존엄성을 확립하려는 종교개혁으로 나타났다. 그러나 여명의 새벽을 열기 위해서는 칠흑 같은 어둠을 뚫어야 했다. 르네상스는 그냥 한마디 수탉의 홰치는 소리를 신호로 열린 것이 아니었다. 생사여탈권을 장악한 교회, '신의 예지'에 의해서 만들어졌다는 신분제, 이에 따른 농노들의 처참한 생활, 교권과 절대왕권의 박해에도 굴하지 않는 용감한 그리스도교인들과 지식인, 예술인들의 줄기찬 저항과 수난으로 문예부흥운동이 시작된 것이다.

당시의 신분질서가 얼마나 엄격했는가는 중세 유럽의 스콜라 철학

을 대표하는 이탈리아의 대신학자 토마스 아퀴나스*Thomas Aquinas*조
차 "중세의 신분제 사회는 신의 예지에 의해서 만들어졌다"고 주장할
정도였다. 아퀴나스는 인간의 직업 신분은 신에 의해 지정되는 것이며
몇몇 직분이 복합할 때 '신의 섭리에 의한 직분의 배열'이 생겨난다고
주장했다. 그의 주장은 이렇다.

생활에 필요한 여러 가지를 모두 갖추려는 욕망은 설사 인간이 나면서부
터 구유具有한다고 해도 … 그것은 모든 사람이 같은 종류의 일에 종사한
다는 방법에 의해 채워지는 것은 아니다. 즉, 어떤 벌은 꿀을 모으고 어떤
벌은 그의 집을 만든다. 그러나 여왕벌은 이러한 일에 종사하지 않을 것
이다. 인간 사이에서도 같은 것이 요구된다. 왜냐하면 사람들의 생활에는
수많은 것이 필요하며 한 인간이 혼자 모든 사람들의 것을 충족할 수 없으
므로 여러 가지가 여러 사람에 의해서 영유되지 않으면 안 되기 때문이다.
예를 들면 어떤 사람들은 농사를 짓고 어떤 사람들은 가축을 기르고 어떤
사람은 집을 짓는다. 다른 사람에 관해서도 마찬가지인 것과 같이 … 사람
들의 생각은 오직 물질적인 것뿐만 아니라 그 이상으로 정신적인 것을 필
요로 하므로 어떤 사람들은 다른 사람들의 향상을 위해서 정신적인 것에
종사하는 것은 필요하며, 그들은 현실의 고통에 시달려서는 안 될 것이다.
… 이들 여러 사람들 사이의 여러 가지 직업과 신분의 배열은 신의 섭리에
의해 이루어진 것이며, 이에 따라서 어떤 사람들은 다른 사람보다도 어느
한 직분에 보내어진다.

이러한 주장은 결코 분업의 의미를 말하는 것이 아니다. 똑같은 신
의 피조물임을 본질로 하는 그리스도교 왕국에서, 그것도 대신학자인

티토의 〈그리스도에게 그의 저작물을 바치는 토마스 아퀴나스〉 1593년

아퀴나스의 입을 통해 '꿀벌에 비유'되는 당시 사회구조나 조직은 반 그리스도교적으로서 인간의 양심과 지성을 말살하는 반이성 시대였 다고 하겠다.

무너지는 봉건질서

종교개혁이 시작되고 가톨릭교회와 더불어 중세를 대표했던 기사 계급이 십자군전쟁으로 많은 전사자를 내어 피폐하게 되자 봉건질서 는 하나씩 붕괴되기 시작했다. 이와 더불어 농노들의 해방운동이 유럽 전역에서 줄기차게 전개되었다. 중세 말에는 곳곳에서 영주가 해방금 을 받고 농노에게 자유신분을 부여했다. 잉글랜드의 한 '농노 해방장' 의 내용을 살펴보자.

나면서부터 모든 자손, 모든 가재와 더불어 우리의 농노였던 위딩톤의 리 차드의 아들 윌리암을 예속의 모든 멍에로부터 자유해방되었음을 선언한 다. 여기에 우리와 우리의 후손들은 윌리암과 그의 자손, 그의 가재에 대 해 여하한 권리도 권한도 요구하거나 강요할 수 없다. 윌리암은 그의 모든 후손, 모든 가재와 더불어 영원히 자유로이 해방되며, 우리와 우리의 후손 에 의해서 예속됨을 이유로 침해되며 강제되며 요구되어서는 안 된다.

중세 말기 농노해방이 이루어지기 훨씬 이전인 1215년 영국에서는 그리스도교인들과 지식인, 귀족들에 의해 그들이 기초한 대헌장 *Magna Carta*을 존*John* 왕으로부터 받아내는 데 성공했다. 이 사건은 1789년 프랑스 대혁명에 필적하는 인간 이성의 승리이다. 대헌장에는 다음과 같은 조항이 들어 있다.

병역 면제세나 헌금은 국왕의 전반적 자문에 의하지 않고서 부과하는 일
은 없다. 단 국왕의 몸값을 지불하며 국왕의 장자도 기사로 하며, 국왕의
장녀를 첫 출가시키는 경우는 차안에 부재한다. 런던시의 헌금에 관해서
도 이와 같이 행한다.

누구를 막론하고 기사의 봉토에 관해서 또는 자유로운 봉封의 보유에 관
해서 그로 말미암아 져야 할 이상의 봉사를 강요받아서는 안 된다.

여하한 자유인도 그의 동신분자同身分者의 합법적 재판 또는 국법에 의하
지 않고서는 체포, 감금, 차압되거나 법의 보호를 박탈당하며 추방 또는
여하한 방법에 의해서도 침해되지 않는다. 그리고 국왕이 그에 대해 스스
로 대항하지 않으며 군대를 파견하는 일도 없다.

물론 대헌장이 압제받는 백성들의 이익을 옹호하는 인민해방헌장
은 아니었다. 오히려 국왕의 권력 남용으로부터 봉건 귀족들이 기득권
을 지키기 위해서 벌인 '거사'라고 보는 것이 보다 정확한 분석일 것
이다. 그러나 존 왕의 어린 아들 헨리 3세가 이를 지키지 않았고, 그에
따라 시몽 몽포르*Simon de Montfort*가 국왕과 싸워 승리하여 의회가 소
집됨으로써 전형적인 민주정치 발전의 단서가 되었다는 점에서 대헌
장에 나타난 지식인들의 저항과 수난의 의미는 크다고 할 것이다.

종교개혁에 앞장선 루터

종교개혁가인 마르틴 루터는 1483년 독일 중동부 지방인 아이슬레
벤에서 태어났다. 당시의 일반 가정들처럼 경건하고 엄격한 훈련의 분
위기로 가득 찬 집안에서 자란 그는 에르푸르트의 아우구스티누스수
도회 수도사로서 비텐베르크 대학에 입학했고 훗날 이 대학의 교수로

서 부패하고 타락한 교회를 공박한 선각자였다.

루터가 공개적으로 면죄부에 저항하게 된 직접적인 이유는 작센의 선제후 프리드리히Friedrich 3세가 자신의 영지에서 금지한 면죄부가 인근 지역에서 판매되고 있었기 때문이다. 그것은 특권을 부여하는 희년禧年 면죄부였다. 이 면죄부의 표면적인 목적은 로마의 성베드로 대성당을 중수하는 것이었지만 수익금의 절반은 마인츠Mainz의 대주교인 젊은 알브레히트Albrecht에게 흘러 들어가도록 되어 있었다. 그는 고위 성직으로 빨리 승진했고 그 대가를 지불하기 위해 큰 빚을 지고 있었던 것이다.

원래 면죄부란 십자군전쟁에 참여하는 사람에게 부여하던 증서였다. 이것이 변질되어 증서가 자신들의 죄를 탕감해 줄 수 있다고 일반 신도들이 믿게 되자 교회는 이를 판매하기 시작한 것이다. 교황청은 이러한 비열한 방법으로 막대한 이익을 거둬들였다.

면죄부를 산 사람들은 과거의 죄뿐만 아니라 현재와 미래에 대한 죄삯까지 지불했다고 생각하고 방탕한 생활을 했다. 양심이 바르고 정의감이 남달리 강한 루터는 죄를 청산해줄 사람은 하느

종교개혁의 단초를 제공한 면죄부 판매

로마 교황청에 보내는 '95개조 의견서'를 붙이는 루터(왼쪽)와 그것을 붙인 성당 정문(오른쪽)

님밖에 없는데 면죄부가 웬말이냐 라고 분개하면서 모든 성인들의 교회church of All Saints 정문에다가 로마 교황청에 보내는 '95개조의 의견서'를 써붙였다. 그리고 그 사본을 자신의 주교에게 보냈다. 인쇄술의 도움을 받아 이 사본은 먼 지역에까지 널리 유포되었고, 마침내 그의 주장은 점점 넓은 범위에서 논의되기 시작했다.

루터는 이 의견서에서 교황청의 비리와 탈선을 지적하고, 특히 면죄부의 판매에 대해 "교황은 교회와 하늘나라의 주인일 수 없다. 누구든지 죄를 뉘우치고 하느님 앞에 나서면 용서를 받을 수 있다. 따라서 면죄부를 사야할 이유가 없다"고 주장했다.

루터의 공격을 받은 교황 레오Leo 10세는 처음에는 대수롭지 않게 여겼다. 이에 루터는 1518년 95개 조항을 해명하는 라틴어로 된 장문의 글을 통해 개혁의 필요성을 보다 더 강조했다. "하느님으로부터 교

루터의 종교개혁이 시작된 독일 중동부 지방인 비텐베르크 전경

회와 하늘나라 권세를 위임받았다는 교황의 권위를 부정한다. 또 교회 권력의 타락과 부패 때문에 교회는 지금 개혁을 필요로 하고 있다"는 내용이었다.

불같이 노한 교황은 1521년 1월 공식적인 파문교서를 발표했다. 이어 루터는 보름스에서 소집된 신성로마제국 의회에 소환되었다. 재판장은 루터에게 종교개혁을 담은 저서를 취소할 것인가, 여전히 지지할 것인가를 물었다. 유죄와 무죄의 갈림길에 선 것이다. 그러나 루터는 당당히 답변했다.

"책들은 모두 같은 내용을 담고 있지 않다. 나는 주님의 말씀을 대답하겠다. 내가 세상에 평화를 주려고 온 줄 생각지 마라. 도리어 싸움을 부추기러 왔고 교황의 타락을 경계하려 한다. 내 주장이 성서와 이성에 의해 잘못이라고 느껴지지 않는 한 나는 교황과 교회 의회를 지지하지 않는다. 내 주장을 절대 취소하지 않을 것이다. 왜냐하면 양심을 속일 수 없기 때문이다."

카롤스펠트의 〈보름스 제국의회에 참석한 마르틴 루터〉 1521년

보름스 의회는 루터를 이단으로 결정했고 그의 저작들을 금서로 규정했다. 그리고 이후부터 루터의 생명을 보장할 수 없고 체포해서 황제인 카를*Karl* 5세에게 넘겨야 한다

루터가 은신하여 성서 번역을 했던 바르트부르크성

는 칙령을 통과시켰다. 생명의 위협을 받은 루터는 다행히 지지자의 도움을 받아 기사로 변장하고 탈출하여 아이제나흐 근처의 바르트부르크 성에 은신했다. 그리고 성서 번역을 하면서 유럽의 종교개혁가들을 모아 동맹을 맺는 등 활동을 멈추지 않았다. 교황은 다시 교회 의회를 소집하여 루터를 재판에 회부했다. 그러나 굽히지 않는 루터의 투쟁은 마침내 승리하여 개신교의 합법적인 탄생을 쟁취하기에 이른다.

카를 5세는 1530년 6월 25일 "어떤 이에게든지 무력으로 신앙을 갖게 해서는 안 되며 종교의 자유는 개인에게 달린 것인 만큼 황제도 이 권고를 받아들여 새 가

루터가 소년 시절을 보낸 루터하우스

로마 근교의 캄포디오파리에 세워진 브루노 동상

브리엘천사가 되기를 바란다"는 루터의 설득에 따라 신앙 문제에 대해 일체 간섭하지 않았다. 역사가들이 이 날을 신성 로마제국이 사망한 날이라고 부를 만큼 루터는 중세 암흑을 뚫고 르네상스의 여명을 연 것이다.

화형당한 자연철학자 브루노

브루노는 르네상스를 빛낸 이탈리아의 자연철학자였다. 자유로운 사상 때문에 이단자로 몰려 교회로부터 추방되어 박해를 받으면서 유럽 각국을 방랑했다. 코페르니쿠스의 지동설을 지지했고 우주의 무한성과 등질성과 균등성을 확신하여 태양계를 기타 무수하게 생멸하는 여러 세계 중의 하나에 불과하다고 주장했다. 만물의 극미한 부분(단위)은 살아있는 단자單子라 했고, 신은 세계 영혼으로서 만물에 내재하는 우주 최고의 생명, 원인, 원동력이라고 했다.

1548년 나폴리 근처에서 직업군인의 아들로 태어난 그는 1572년 사제 서품을 받고 나폴리 수도원에 배치되었지만 금서인 에라스무스의 주석서를 읽고 그리스도의 신성을 부정한 아리우스Arius 파의 이단 학설을 거리낌 없이 논의한 일 때문에 이단자로 몰리자 로마로 피신했다. 이 때부터 북부 이탈리아를 비롯하여 유럽 각국을 돌아다녔으며 프랑스, 영국, 독일 등지에서 강의했다.

1592년 베네치아에서 이단심문에 회부되었으나 소신을 굽히지 않았기 때문에 7년 동안 옥에 갇혀 있다가 배교, 이단 및 수도사의 서약을 어겼다는 죄목으로 로마 근교의 캄포디오파리에서 화형당했다. 처형되기 8일전, 교회로부터 주장을 철회하면 죽음을 면할 수 있다는 조건을 제시받았으나 거부하고 죽음을 택했다.

브루노가 수난과 인연을 맺게 된 것은 코페르니쿠스의 지동설을 알게 되어 큰 감명을 받으면서부터였다. 그는 우주 안에 무수한 세계가 있어 생성하고 소멸한다는 우주무한론을 주장하여 교회에서 전통적으로 가르쳐 오던 우주유한론에 맞섰다. 우주에는 절대적 중심이 없으며, 따라서 모든 부분은 각기 평등하여 하늘과 땅에 가치상의 차별이 없다고 했다. 만물 속에 나타나며 만물을 생성하게 하는 신은 가장 미소한 것들 속에도 생명으로서 들어 있다는 주장이었다.

코페르니쿠스의 지동설이 공격을 받고 있던 당시, 세계는 무한하며 헤아릴 수 없다는 주장, 그리고 세계는 하나만이 아니라 무수하다고 하는 그의 학설은 가톨릭교회에 대한 근본적인 부정이며 신성모독죄임에 어김이 없었다. 특히 그는 당시의 그리스도교적 내세관을 위선이라 보고, 궁극의 선이란 우주적 생명과의 합일이라고 말하면서 현세에 대한 봉사를 강조하고 나섰다.

우주무한론을 주장하여 교회의 우주유한론에 맞선 브루노

브루노는 양심을 좇아 52세의 짧은 생애를 마쳤지만 자연과학의 길을 개척하고 자유와 진리의 가치를 깊게 일깨우는데 불후의 기여를 했다. 특히 후세에 있어 독일의 철학자 라이프니츠*Leibniz*의 '단자론'이나 스피노자의 '신, 곧 자연'의 사상에 큰 영향을 끼쳤다.

끝내 양심을 속이지 못한 갈릴레이

지식인 수난의 반열에 갈릴레이*Galileo Galilei*를 포함시키는 문제에는 양론이 있을 수 있다. 역사는 비겁하고 나약한 지식인의 한 상징으로 갈릴레이를 지적하고 있기 때문이다.

갈릴레이는 이탈리아 출신의 물리학자, 천문학자로서 피사대학과 베네치아의 파도바대학 교수를 역임한 후에 토스카나*Toscana* 공국의 제4대 대공인 메디치가의 코시모*Cisimo* 2세 밑에서 연구에 전념했다.

그는 피사 대성당에서 등잔이 흔들리는 것을 보고 유명한 진자振子의 등시

데미의 〈갈릴레이 대리석상〉 1768∼1863년

피사 대성당의 등잔(왼쪽)과 『2개의 주된 우주체계에 관한 대화』 1632년판

성等時性을 발견했고, 망원경을 발명하여 목성에 위성이 있다는 사실과 은하가 항성의 집단임을 밝혀냈다.

　그는 이 천체 관측에 의해 코페르니쿠스의 지동설을 확증했으나 1616년 종교재판에 회부되어 자신의 주장을 파기하도록 강요당했다. 더욱이 『2개의 주된 우주체계-프톨레마이오스와 코페르니쿠스에 관한 대화』를 저술하여 7년간 피렌체에서 가택연금을 당했다. 이 때 강제적으로 자신의 주장을 철회하면서 '그래도 지구는 움직인다'고 독백했다는 이야기는 유명하다. 그 후 『2개의 신과학에 관한 논의와 수학적 논증』을 펴냈으나 지동설에 대해서는 침묵을 지켰고 두 눈까지 실명되어 쓸쓸한 말년을 보냈다.

　갈릴레이는 그의 천체에 관한 연구가 세상에 알려지자 당시 유럽 전역의 과학자들로부터 찬사와 격려를 받았다. 그러나 가톨릭교회와 예

반티의 〈갈릴레이의 재판〉 1857년

수회 신부들은 갈릴레이가 마르틴 루터와 존 칼뱅의 죄악을 합친 것보다 더 악독한 결과를 초래했다고 하여 이단 혐의로 재판에 회부했다. 갈릴레이에 대한 이단심판소의 판결문은 다음과 같다.

빈첸시오 갈릴레이 *Vincenzo Galilei*의 아들인 갈리레오 갈릴레이는 많은 사람들에게 배운 유설誘說, 즉 태양은 세계의 중심이며 움직이지 않고 지구는 움직이고 일주 운동을 한다는 학설을 사실이라고 주장한 죄, 이러한 학설을 제자들에게 가르친 죄, 그리고 태양 흑점에 관한 서한을 공표하고 그설을 발전시킨 죄, 성서에 위반되는 사실을 반박해야 할 때 오히려 성서를 자기 멋대로 곡해하여 답변한 죄로 1615년 이단심판소에 기소된 일이 있었다. 그 때 문하생과 동료들에게 보낸 서한 형식의 문서 사본에는 코페르니쿠스의 가설을 뒷받침하면서 성서의 진리와 권위에 반대되는 몇 가지

갈릴레이가 회원으로 있던 아카데미아 갈릴레이아나. 14세기 가라라 가문의 궁전이었다.

명제가 포함되어 있었다. 따라서 그와 같은 이단적인 사건을 그대로 방치하면 신성한 신앙을 상하게 하고 질서 문란과 해악을 끼칠 것이 우려되므로 이를 예방하기 위해 태양의 부동함과 지구 문제를 위시한 두 명제에 관해 다음과 같이 규정짓는다.

첫째, 태양은 세계의 중심에 자리 잡고 있으며 그 위치가 부동이라는 명제는 불합리하고 철학적으로는 허위이고 신학적으로는 이단이다. 왜냐하면 그것은 분명히 성서에 반대되기 때문이다.

둘째, 지구가 세계의 중심이 아니고 부동하지 않으며 태양의 주위를 돈다는 명제 역시 불합리하고 철학적으로 허위이고 신학적으로는 적어도 신앙상 오류가 된다.

그러나 1616년 2월 25일 온건하게 조치하기 위해 교황께서 친히 임석한 집회에서 자신의 학설이 그릇되었음을 인정하도록 명하고, 만일 이 결정을 거부할 때는 투옥될 것이라고 결정했다. 그 이튿날, 갈릴레이는 추기경과 공증인, 입회인들 앞에서 자신의 그릇된 학설을 완전히 폐기하고 앞으로는 구두로나 문서로나 기타 여하한 방법으로도 그것을 옹호하거나 가르치지 않겠다는 것을 맹세했고 그 맹세가 받아들여진 다음에 비로소 사면되었다. 그런데 지난해 피렌체에서 발행된 『2개의 주된 우주체계-프톨레마이오스와 코페르니쿠스에 관한 대화』를 보면 전에 결정한 금령에 대한 명백한 위반사항을 적발할 수 있다. 따라서 이단심판소는 갈릴레이가 신성한 종규宗規와 기타 일반 및 특수한 규정에 의거하여 그런 종류의 위반자에게 과하는 모든 징계 및 형벌을 범했음을 선고하고 판정한다. 그리고 앞으로 누구든지 갈릴레이와 같은 법규 위반과 잘못을 저질렀을 때 아무런 처벌도 받지 않고 모면될지 모른다는 점을 우려하여, 또 다른 사람들에게 똑같은 잘못과 위반에 빠지지 않도록 경고하기 위해 저서 출판을 금지하며 갈릴레이에게는 투옥 후 3개월 간 1주 1회씩 7개 항목의 죄를 참회하는 시편을 독송할 것을 명령한다.

판결문을 다소 길게 인용한 것은 당시 이단심판에 대한 판결문이 거의 남아 있지 않는 데 비해 갈릴레이에 관한 판결문은 전해지고 있다는 특이성도 있지만, 한 지식인에 대해 권력이 어떤 논리를 동원하여 박해를 가했는가를 살피기 위해서이다. 갈릴레이는 학문의 진리를 추구하다가 결국 양심을 지키지 못하고 권력에 굴복한 셈이다. 이때 갈릴레이가 강요받은 서약서의 내용은 다음과 같다.

본인은 높고 존엄하신 추기경과 이단심판소의 판사 여러분 앞에서 무릎을 꿇고 엎드려, 그리고 눈앞에 성스러운 복음서를 놓고 그 위에 손을 얹은 채, 신성한 사도적 로마가톨릭교가 지지하고 가르치고 설법하는 모든 조항을 과거에도 항시 믿어왔고 지금도 그대로 믿으며 앞으로도 신의 가호 밑에서 믿을 것을 선서합니다. … 본인은 잘못을 뉘우치고 참다운 심정과 거짓 없는 신앙을 갖고서 앞서 기록된 바와 같이 신성한 교회에 반대되는 모든 오류 및 이설을 포기하고 저주하고 혐오하는 바입니다. 본인은 의심을 받을 만한 어떠한 것도 말이나 글로, 그리고 현재는 물론 앞으로도 결코 발설하거나 주장하지 않을 것을 선서하고 어떠한 이단자나 이단의 혐의가 있는 자를 발견했을 때는 지체없이 이단심판소나 본인의 거주지에 주재하는 관구의 이단심판소 판사에게 고발할 것을 선서합니다.
또 본인은 이단심판소에서 명하는 것과 앞으로 명할 모든 참회의 과업을 성실히 준수할 것을 서약합니다. 그러나 만일 본인이 이 약속과 선서 및 언질의 어느 것이든 범할 때는(천주여, 원컨대 그런 일이 없도록 나를 지켜 주소

서) 그런 종류의 위
반자들에게 주어
지는 신성한 종규
와 기타 일반 및 특
수 법규에 정해지
고 공표된 일체의
수난과 형벌을 감
수하겠습니다.

천주여, 손을 얹고

레시의 〈제자 비비아니를 가르치는 갈릴레이〉 연도 미상

있는 신성한 복음서여, 원컨대 나를 구원하소서. 이제 본인은 선서의 증거
로서 본인이 읽어 내려간 서약서에 본인의 손으로 서명합니다.

갈릴레이는 이 선서문으로 겨우 처형을 모면할 수 있었다. 70세의
노령이었지만 생명에 대한 애착은 강했던 모양이다. 그러나 권력 앞에
학문과 학설은 굽혔지만 양심마저 굽힐 수는 없었다. 서약서에 서명을
끝내고 퇴장하면서 한 마디를 토로했다.

"그래도 지구는 움직인다 *Eppur si muove*."

가택연금 선고를 받은 갈릴레이는 조금도 쉬지 않고 연구활동을 계
속했다. 천체를 관측했고 과학자들과의 서신 교환도 그치지 않았다.
눈이 먼 이후에는 자신의 학설을 제자들에게 필기시키면서 연구를 지
속했다. 한마디로 갈릴레이는 누구보다도 학문적인 탐구열이 강한 지
식인이었지만 권력 앞에서는 나약한, 그러나 양심만은 속일 수 없었던
순백한 지식인이었다.

르네상스 시대의 사상가

일반적으로 르네상스라고 하면 중세에서 근대로 넘어오는 과정, 즉 14세기에서 16세기 초엽까지를 일컫는다. 흔히 문예부흥운동으로 불리는 르네상스는 문예부흥만이 아니라 정치·경제·과학 등 모든 분야에 걸친 개혁운동으로 나타났다. 이 새로운 개혁운동은 중세의 신神 중심의 가치관에서 벗어나 인간 중심의 세계로 회귀하자는 노력이었다. 모든 가치를 인간에 두고 인간의 능력을 최고로 발휘하여 인간 중심의 사회를 구현하자는 것이었다.

르네상스는 근대의 여명기라고 할 수 있다. 중세의 어두운 장막을 걷고 새시대로 이전하는 과도기인 셈이다. 처음에 이탈리아에서 일기 시작한 이 운동은 프랑스, 영국, 독일을 위시하여 유럽 전역으로 파급되었다.

그렇다고 르네상스 시대가 인간의 이성과 양심이 절대적인 가치로 존중되고 지식인이 제대로 대접받는 시대는 아니었다. 하루의 일기 중 새벽녘이 가장 추운 기온으로 내려가듯이 르네상스 시대도 깨어있는 지성인들에게는 어느 때보다 춥고 가혹한 시련기였다. 중세와 근대의

과도기인 이 시대는 교권과 정치권력의 권위가 취약해지는 것을 막고
자 지식인들에게는 더욱 혹독한 박해가 가해졌다.

그리스도교의 왕국 꿈꾼 캄파넬라

톰마소 캄파넬라 *Tommaso Campanella* 는 1568년 이탈리아 스틸로의
한 가난한 가정에서 태어났다. 도미니쿠스 수도원에서 스콜라철학을
연구하면서 연금술과 점성술에 관해 공부했다. 수도사가 된 그는 당시
스페인 군대가 남부 이탈리아를 점령하여 짓밟았을 때, 반스페인 독립
운동에 참가했다가 체포되어 27년 동안 스페인의 종교재판소 감옥에
갇혀 있었다. 그 뒤 58세 때 출감하여 프랑스로 망명했고, 그곳에서 루
이 13세와 리슐리에 추기경의 도움으로 도미니카 수도원에서 철학, 의
학, 천문학 등의 연구 생활을 계속했다.

그는 감옥에 있으면서도 학문에 대
한 열정과 조국에 대한 애정으로
『태양의 나라』『형이상학』 등의
책을 집필했다. 『태양의 나라』
는 플라톤의 『국가론』과 토
머스 모어의 『유토피아』를
계승한 내용을 담고 있는데,
유토피아적 이상국가와 수도
원적인 이상국가를 결합시킨
저서이다. 그러나 교회 권력은
이런 이상론마저 용납하지 않았
다. 그의 저서는 불태워지고 그에게

종교재판소 감옥에 27년간 갇혔던 캄파넬라

는 일체의 집필 활동이 금지되었다.

기독교 보수세력이 배척한 칼뱅

칼뱅*Jean Calvin*은 1509년 프랑스 북서부에 위치한 피카르디 노와용에서 지방 귀족의 비서, 경리 등으로 일하는 소시민의 아들로 태어났다. 교회에서 성직교육을 받았고 오를레앙대학과 부르즈대학에서 로마법과 고전어를 배웠다. 1532년 에라스무스와 루터를 인용한 이단적 강연 원고의 초고를 썼다는 혐의를 받고 스위스 바젤로 은신하면서 로마 가톨릭과 결별했다. 이 때『그리스도교 강요綱要』를 집필하여 프로테스탄트의 권위 있는 대변자라는 명성을 얻었다.

민주주의적 교회공동체를 제창한 칼뱅

그 후 제네바의 종교개혁을 위해 함께 일할 것을 스위스 출신 신학자 파렐*Farel*로부터 요청받고 그의 종교개혁운동에 참가했으나 처음부터 신권정치神政政治에 기반을 둔 엄격한 개혁을 추진하려 했기 때문에 파렐과 함께 추방되어 프랑스 알자스 지방의 스트라스부르로 갔다. 그곳에서 설교자, 신학교수로 있으면서『로마서 주해』를 저술했고 3년 후에는 상황의 변화로 다시 제네바에 초빙되어 1542년 『교회 규율』을 제정하고 교회제도를 정비하는 등 종교개혁의 주역으로 활약했다. 때문에 제네바는 한때 '프로테스탄트의 로마'라고 불리기도 했다.

칼뱅이 태어난 프랑스 노와용의 집

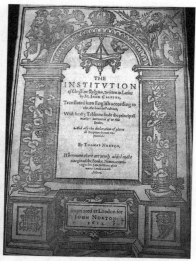

칼뱅이 설교했던 로잔의 생피에르 대성당(왼쪽)과 그의 저서 『그리스도교 강요』 1611년판(오른쪽)

　　그는 덕행이란 자기 자신을 위해 이루어지는 것이라는 스토아학파적인 견해를 갖고 있었다. 그는 본래 엄격하고 강직하며 정의감이 강하고 논리적이었다. 1559년 제자 베자*Beza*를 원장으로 한 아카데미를 창설했다. 그 후 종교개혁의 신학을 정립하고 제네바의 정치에도 참여하여 시정개선에 노력했을 뿐만 아니라 자기의 종교적·정치적 이상을 실현해 보려고 전력했다.

　　칼뱅은 인간의 선행이 구제의 원인이나 수단이 되지 않지만 구제의 결과로써 긍정되므로 태만은 죄악이라고 보았다. 인간이 쾌락이나 오락에 빠지지 않고 청결하고 엄격하며 냉혹할 정도로 자기 일에 열중하면서 근면과 절약의 생활을 하도록 주장했다. 교회이론에 있어서도 목사, 장로, 집사 등 모든 직분은 교회의 구성원에 의해 선거되어야 하며 민중의 동의와 승인은 곧 '신의 말씀'이라는 민주주의적 교회공동체를 제창했다. 그러나 이와 같은 진보적인 기독교관은 기독교 보수세력으로부터 탄압의 대상이 되었고 그의 저서는 금서 목록에 올랐다.

프로테스탄트의 박해와 집필금지령을 받은 뵈메

철학적 신비주의자 뵈메

야코프 뵈메*Jakob Büme*는 1575년 독일 동부의 괴를리츠 근처 알트자이덴부르크에서 농부의 아들로 태어났다. 정상적인 교육을 받지 못하고서도 세계적으로 알려진 저서 『아우로라(여명)』을 저술하여 박해와 고난을 겪은 지식인이었다.

선천적으로 몸이 허약했지만 구두 제화공이 되어 각 지방을 전전했다. 이 때 여러 곳의 신비주의의 영향을 크게 받았는데, 독학으로 철학 연구에 전념하여 1612년 『아우로라』를 출간했다. 그러나 프로테스탄트측의 박해로 책은 불태워지고 집필금지령이 내려졌다. 그는 이에 굴하지 않고 비밀리에 많은 저술을 하여 로망주의 사상가들에게 큰 영향을 주었다.

연금술적인 자연철학과 신비적인 범신론汎神論을 결합한 독자적인 사상 표현으로 쓰여진 『아우로라』는 처음에 '서광' 또는 '승천하는 서광'이란 이름으로 출판되었다. 예언자적인 정열과 깊은 종교적 체험을 비장하고 있는 이 책에서, 뵈메는 신플라톤주의적 범신론의 색채를 풍기며 악과 존재 문제에 대한 깊은 고뇌를 묘사하고 있다. 신은 인간의 이성이 도달할 수 없는 '무저無底의 저底'이긴 해도 그 본질은 의지적이요 계시적인 요구를 가지고 있다고 주장했다. 하지만 모든 계시와 현현顯現은 자기의 대립자를 맞서서 비로소 가능하고, 선은 악으로부터, 사랑은 분노로부터 자기를 나타낸다는 것이다.

이 책은 신의 영원한 자기산출의 과정이 서술되어 있다. 뵈메의 주장에 따르면 세계 창조는 먼저 천사의 창조로부터 시작된다는 것이다. 따라서 신에 대한 배반과 타락은 세계에 있어서 악의 존재의 제1의 표현이며 세계의 어느 곳이든, 그리고 인간이나 자연에 있어서 상대되는 두 힘이 투쟁하고 있다고 주장했다.

뵈메의 『아우로라』 1612년판

그는 세계의 창조설을 해명하면서 『구약성서』의 창세기 기술을 대폭 자기 방식으로 바꾸고 자연과학에로 이끌려고 했다. 때문에 완고한 교회 권력으로부터 견디기 힘든 박해를 받아야 했고, 49세란 길지 않은 생애를 빈곤과 소외 속에서 마쳐야 했다.

왕과 교회로부터 거부당한 홉스

토마스 홉스*Thomas Hobbes*는 '교회 및 시민공동체의 내용, 형태, 권력'이란 부제가 붙은 『리바이어던*Leviathan*』으로 우리에게 잘 알려진 영국의 학자이다. 1588년 잉글랜드 남부의 월트셔에서 목사의 아들로 태어나 열 다섯 살 때 옥스퍼드대학에 입학하여 스토아철학과 수학, 아리스토텔레스학을 연구했다. 대학을 졸업한 뒤에는 데본셔 2대 백작이 된 윌리암 캐번디시*William Cavendish*의 가정교사로 초빙되어 그의 아들과 함께 프랑스와 이탈리아를 여행했다.

프랑스에서는 전후 20여 년간 체제했고 그곳에서 데카르트*Descartes*와도 상면하고 그의 신봉자들과 오랜 우정을 맺었다. 훗날 찰스*Charles* 2세가 된 웨일스 왕자의 수학 교사가 되었으나 공화정치의 정변으로 찰스 2세의 부왕이 처형되자 프랑스로 망명했다. 공화제가 쇠퇴하자 다시 귀국하여 찰스 2세에게 중용되었으나 궁정과 교회는 그에게 엄격한 비판을 내렸고, 일체의 정치 저작물의 발간을 금지시켰다.

홉스는 『리바이어던』을 프랑스 망명 시기에 집필하여 1651년 런던에서 출판했다. 이 책이 출판되자 사방에서 비난의 소리가 일어났다. 종교계는 물론이요 황태자 찰스도 반대 의견을 피력했다. 종교가들은 그의 성

스튜어트 왕조를 옹호했다가 오히려 박해받은 홉스

홉스의 『리바이어던』 1651년판

악설에 분노했고 황태자는 군권신수설에 반대했다. 마침내 이 책은 1665년 인쇄금지처분을 받았다. 옥스퍼드대학에서는 1683년 이 책을 금서로 규정했다.

'리바이어던'은 구약성서 욥기 제41장 제1절에 나오는 영생永生 동물의 이름이다. 홉스는 국가권력을 이 동물에 비유하여 전제군주제를 옹호했다.

그는 절대 주권을 이기적 개인으로부터 도출했다. 이 책은 당시 영국 스튜어트Stuart 왕조의 권위가 떨어진 것을 개탄하여 이를 옹호하기 위해 저술한 것이지만 오히려 그는 왕조로부터 박해 받고 책은 금서가 되었다.

개혁파 교회의 이론가 녹스

존 녹스John Knox는 우리에게 다소 생소한 인물이다. 1514년 스코틀랜드 로디언의 해딩턴에서 농민의 아들로 태어났다. 세인트앤드루스대학 졸업 후 사제 서품을 받고 해딩턴 지역에서 로마 교황청의 공증인으로 활동했다. 1545년 루터주의자 위샤트Wishart와의 친교로 종교

스코틀랜드 에든버러의 세인트 자일스 주교좌성당에 있는 녹스 동상

개혁자가 되었고, 1547년 위샤트가 처형된 후에는 세인트앤드루스 성城의 설교자가 되었다. 프랑스군이 성을 점령한 후에는 19개월간 프랑스 군함에 포로로 잡혀 있다가 석방되었으나 로마 가톨릭 지배 하에 있는 스코틀랜드로 돌아올 수 없었다.

그는 영국으로 건너가 에드워드*Edward* 6세의 궁정목사가 되었다. 그러나 로마 가톨릭교도인 메리*Mary* 1세가 즉위한 후에는 다른 종교개혁자와 함께 유럽 대륙으로 피신했고 제네바에서 칼뱅의 영향을 받았다. 귀국 후 종교전쟁(1559~1560년)에서 개혁파가 승리하자 에든버러에서 개혁파 교회의 확립을 위해 노력했다. 그의 저항권 신수론抵抗權神授論은 개혁파 교회의 이론적 지주가 되었다. 저서로는 1584년 펴낸 『스코틀랜드 종교개혁사』가 대표적이다.

그는 스코틀랜드를 떠나 있으면서 스코틀랜드의 귀족과 지주, 평민

녹스가 1561~72년 살았던 에든버러의 집

들에게 보내는 『유익한 권고의 편지』를 저술했다. 여기서 그는 모든 인간은 진정한 종교가 가르치는 바를 살필 의무가 있다고 역설했고 '인민의 영혼의 양식, 즉 하나님의 살아있는 말씀'을 인민으로부터 빼앗은 자는 사형에 처해야 한다면서 폭군 방벌론을 주장했다.

왕이 선하든 악하든 간에 우리가 우리들의 왕에게 복종해야 한다는 것이 오늘날 모든 사람들의 한결같은 노래이다. 즉, 하느님이 그렇게 명했다는 것이다. 그러나 하느님의 신성한 이름과 명령을 모독하는 그러한 독신자瀆信者에게 퍼부어지는 복수는 끔찍할 것이다. 왜냐하면 왕이 불경스런 행위를 명했을 때도 복종하도록 하느님이 명했다고 말하는 것은 하느님이 자신의 계율에 의한 모든 부정의 창조자이며 유지자라고 말하는 것만큼 불경스럽기 때문이다. 우상숭배, 독신 및 전능하신 하느님에 저촉되는 여

녹스가 활동했던 에든버러의 홀리루드 하우스 궁전

타의 범죄들에 대한 처벌은 왕과 최고 통치자의 소관 사항일 뿐만 아니라 인민 전체, 또 개개인이 그 소명에 따라, 그 가능성과 경우에 따라 똑같이 행해야 할 일이다. 하느님은 불경이 명백히 밝혀진 경우에는 언제든지 자신의 영광에 대해 가해진 침해를 복수하기 위해서 이러한 행위를 주재하는 것이다.

언론자유사상의 선각자 밀턴

존 밀턴은 『실락원』을 쓴 문인이고 서사시인으로 우리에게 잘 알려져 있다. 그러나 단순히 문인이나 서사시인이 아닌 용기와 신념이 확고한 저항문인이고 종교사상가였으며 언론자유사상의 선각자였다.

1608년 부유한 공증인의 아들로서 런던에서 출생한 밀턴은 자각적

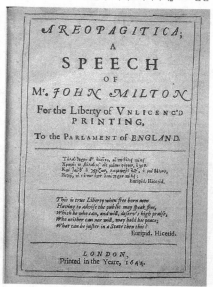

밀턴의 『아레오파지티카』 1644년판

으로 청교도의 길을 선택할 만큼 용기를 지닌 부친으로부터 많은 영향을 받았다. 부친은 예술을 애호하고 폭넓은 교양을 지닌 분이었다. 밀턴은 런던의 세인트 폴 학교를 거쳐 케임브리지대학에 진학하여 1632년 석사학위를 받았다.

학위를 받자마자 집으로 돌아가 1635년까지는 해머스미스에, 그 다음에는 원저 근처의 호턴이란 한적한 시골

마을에 머물면서 독서와 사색에 몰두했다. 어머니가 죽고 1년 후인 1638년부터 이듬해까지 이탈리아를 여행했는데, 주로 피렌체와 로마, 나폴리에 머물렀다.

영국 웨스트민스터 대수도원에 있는 밀턴의 무덤

여행 중 고국의 불안한 정정政情을 알고 귀국했고, 이 때부터 20년 간 청교도혁명에 참가했다. 그러나 1660년 왕정복고가 되자 그 동안 크롬웰 밑에서 자유공화국의 꿈을 실현하고자 개혁정치를 도모하던 밀턴도 옥고를 치르지 않을 수 없었다.

그가 최초로 정치논쟁에 참여한 것은 종교사상의 감독 제도와 가톨 릭교회에서 금지하는 이혼의 불합리성을 비판한데서 비롯되었다. 그 리고 검열제도에 대한 반대 투쟁에서 본격적으로 현실에 참여했다. 그 는 『이혼론』을 허가없이 출판했다가 당한 박해를 통해 검열제도가 얼 마나 무익하고 유해한 것인가를 실감했다. 그래서 온갖 정성을 다해 『아레오파지티카』를 썼는데, 그 핵심은 진리생존설과 사상의 자유시 장설이었다. '아레오파지티카'란 언론의 자유를 가리키는 말이다.

그는 검열관이 모든 것을 잘하는 만능적인 지자智者나 심판관이 아 니며 한 사람의 관리에 지나지 않는 데도 다른 사람들의 지적知的 저 작물에 대한 진위를 판가름하는 절대적인 권한을 행사한다는 것은 우 스꽝스러운 일이라고 주장했다. 그것이야말로 살아있는 지식인을 멸 시하는 것이며 '죽은 자의 고심의 저작물과 기념물을 크게 손상시키 는 것'이라고 했다. 나아가 국민 전체를 경멸하고 모욕을 주는 것이라 고 비판했다.

그는 무엇이 진리인가의 여부는 자유로운 논쟁 과정에서 확인되도 록 놓아둬야 한다고 역설했다. 검열로써 진리가 증명되는 것이 아니라 는 것이다. 서로 다른 학설이나 의견이 자유롭게 전개되도록 내버려두 어야 한다고 했다. 진리를 위해 특별히 다른 조처로써 검열이란 규제 를 사용할 것은 아니라는 입장이었다. 이런 주장 때문에 왕정복고 후 에 그의 모든 저서는 불태워지거나 금서처분을 받았다.

고향 암스테르담에 세워진 스피노자의 동상

진정한 아웃사이더 스피노자

스피노자처럼 혹독한 비난을 받은 철학자도 흔치 않다. 독일 라이프치히대학의 철학 교수인 토마시우스는 스피노자를 가리켜 '은둔적인 예술가, 비방을 잘하는 전형적인 유태인이며 극단적인 유물론자, 가공할 만한 괴물 같은 존재'라고 평했다. 당대의 저명한 의사이자 화학자인 디펠은 '어리석은 악마, 맹목적인 마법가, 혐오스런 멍청이, 싸구려 정신병원의 백치, 황당무계하고 술 취한 인간, 철학적인 잡동사니꾼, 재주를 부리는 어릿광대, 지독히 무기력하고 가련하기까지 한 익살꾼'이라는 모욕적인 언사로 비난했다.

뉘른베르크대학의 슈트룸은 '가련한 존재, 낯선 동물, 저주받은 견해를 지닌 인간'이라 평했고, 예나대학의 신학 교수 무사에우스는 "악마 자신이 모든 신적이고 인간적인 권리를 부정하기 위해 흥정했던 사람 가운데 그의 파괴적인 저작에서 나타나듯이 교회와 국가에 막대한 해악을 가져다 주며, 타고난 듯한 사기꾼인 사람보다 더 활동적인 사람이 있겠는가"라고 비판했다. 스피노자의 저작물에 대해서도 "전적으로 신을 망각하고 모독한 책이다. 하루빨리 지옥의 구렁텅이로 처넣어야 한다. 왜냐하면 거기로부터 인류의 손해와 치욕이 나타나기 때문이다. 수세기 이래 지구에서는 파멸의 근원이 목격되지 않았다"고 비판하는 사람도 있었다.

물론 스피노자를 인정하는 사람이 훨씬 많았다. 러셀*Russel*은 1945년 펴낸 『서양철학사』에서 "위대한 철학자 중에서 가장 인격이 고매하고 가장 경애할 만한 사람이다. 지적으로는 그를 능가할 사람이 많지만 윤리적으로는 그가 최고의 위치를 차지한다"고 썼다. 독일의 철학사가 슈펭글러*Spengler*는 "진정한 현인의 흐림없는 청정과 고매한 평정을 지닌 철인"이라고 평가했다. 『현인 나탄*Nathan der Weise*』을 쓴 독일의 비평가 레싱*Lessing*은 "스피노자의 철학 외에는 철학이 없다"고까지 평했으며 괴테는 "결정적으로 영향을 주었고 나의 모든 사고방식에 큰 영향을 준 인물은 스피노자밖에 없다"고 고백했다.

스피노자는 1631년 네덜란드의 수도 암스테르담에서 유대인 상인의 아들로 태어났다. 그의 조상은 포르투갈계 유대인이었는데, 포르투갈에서 유대인을 학대했기 때문에 종교적 박해를 피해 신앙의 자유가 비교적 많았던 네덜란드로 이주해 왔던 것이다.

스피노자는 유대인 학교에 입학하여 히브리어와 경전을 배우고 탈무드를 공부했다. 머리가 비상하여 10개 국어에 능통했다. 그는 장차 유대교의 대학자가 되기를 희망했다. 그러나 프란키스 반 덴 엔데라는 자유사상가로부터 사상의 독립과 근대철학을 배우면서부터 자유와 지성에 눈뜨게 되었다.

엔데는 한때 예수회 회원이었던 고전학자로서 시인 기질도 다분히 갖추고 있었다. 그는 암스테르담에서 학교를 운영하고 있었는데, 스피노자는 한동안 여기서 그의 조교 일을 하면서 자신의 공부에 적잖은 도움을 받았다.

스피노자가 비판과 박해를 받기 시작한 것은 종교 문제 때문이었다. 그는 자신의 무한한 동경의 대상으로 인식했던 신이 기독교와 유대교에서 말하는 신과 동일한 신이 아니라는 데서 비판의식에 눈떴다. 유대교의 교의를 공부하면 할수록 의혹이 생기고 비판적인 생각이 들었다. 그는 편견 없이 사물을 직시하려 했는데, 그럴수록 유대교의 신앙과 경전에 의문이 생겼던 것이다.

스피노자가 말년을 보낸 네덜란드 헤이그의 집

스피노자는 곧 유대교회 당국의 비난에 부딪혔다. 그는 다른 학생들과 토론하면서 신이 육체가 없다는 점, 천사가 실제로 존재한다는 점, 영혼이 불멸한다는 점 등을 뒷받침할 근거가 성서 어디에도 없다고 주장했다. 또 모세 5경을 쓴 이는 물리학, 심지어 신학 지식에서조차 학생인 자신보다 나을 게 없다고 말했다.

유대교회는 스피노자에게 교회를 비판하지 말고 침묵을 지켜 외적

으로나마 복종하는 태도만 취하면 경제적인 도움을 주겠다고 제의해
왔다. 그 무렵 스피노자는 렌즈를 갈고 닦는 일을 하여 생활이 무척 궁
핍했다. 하지만 스피노자가 이런 유혹을 받아들일 리 없었다. 결국 교
회는 그를 이단으로 몰고가면서 무신론자로 낙인 찍으려 했다. 폭력과
협박을 가하기도 했는데, 일부 과격분자들은 스피노자에게 칼로 위해
를 가하기도 했다. 마침내 1656년 유대교회는 스물 네 살의 스피노자
에게 파문을 선고했다.

그 시대의 파문 선고는 모든 자유를 박탈하는 사실상의 노예 상태로
의 전락을 의미했다. 선고문에는 다음과 같은 구절이 있다.

성신의 판결과 천사의 결정에 따라 우리는 신성한 신과 모든 교회의 동의
를 얻어 스피노자를 파문하고, 화를 당하게 하며 저주하고 제명한다. …
스피노자에게는 예리코를 정탐한 여호수아*Joshua*의 저주가 따를 것이며,
엘리사*Elisha*가 소년들에게 퍼부은 저주가 함께 할 것이며, 법에 명시된
모든 악화가 휩쓸 것이다. 그는 밤낮으로 저주받을 것이며 잠자리에 들 때

평안한 생활보장 제의에 대해 '나의 책을 오직 진리 앞에만 바치겠다'고 거절한 스피노자의 기념비

나 깨어 있을 때도 저주받을 것이다. 외출할 때나 귀가할 때도 저주받을 것이다. 신은 결코 그를 용서하지 않을 것이며 그에 대한 신의 분노와 원한은 불타오를 것이며 … 하늘에 맹세코 그의 이름을 절멸시킬 것이다. 신은 이스라엘의 모든 혈통으로부터 그에게 닥치는 불행을 분리시킬 것이다. 이제부터는 어느 누구도 그와 이야기를 나누거나 서신을 교환해서는 안 되며 눈꼽만큼의 은혜도 베풀어서는 안 된다. 그와 한 집에 머물러서도 안 되며 그에게 가까이 가서도 안 되며 그의 저작물을 편찬해서도 안 된다. 또 읽어서도 안 된다.

이 얼마나 저주스럽고 잔혹한 선고인가. 세상에 광신처럼 잔인한 것은 다시 없다. 스피노자는 죽는 날까지 외롭고 고독한 추방생활을 강요당했다. 그는 암스테르담에서 추방되어 여러 도시를 전전하며 버림받은 생활을 계속했다.

스피노자는 일생 동안 결혼하지 않았다. 추방생활 때문에 결혼을 하기도 어려웠을 것이다. 그는 길지 않은 일생 동안 가난과 고독, 병고와 박해라는 네 가지의 십자가를 지고 살았다. 만년에는 렌즈를 닦아 호구지책으로 삼을 만큼 빈곤 속에서 지냈지만 신념만은 굽히지 않았다. 맑고 깨끗한 영혼을 지키며 순정무구한 정신으로 독단적인 교회와 싸우며 청렴하고 강직하게 살았다.

그는 역경 속에서도 학문 탐구를 게을리하지 않았다. 생전에 자기 이름으로 저서를 출판한 것은 1663년에 쓴 『기하학적 방식에 근거한 데카르트의 철학원리』 한 권뿐이었다. 『지성 정화론』은 사후에 출판되었는데 출간되자마자 판매금지되고 금서목록에 올랐으며 독신죄로 비난받았다. 죽기 한 해 전에 쓴 『신학정치론』은 익명으로 출판된 성서 비판의 시초이며 그의 대표적인 저서로 꼽히지만 이 역시 금서가 되었다. 스피노자가 일찍이 '지구의 표면에 살고 있는 인간 중에서 가장 독신적인 무신론자'라는 평을 받게 된 것은 이 책 때문에 생긴 비난이었다.

스피노자의 대표작이며 철학의 고전으로 평가되는 『기하학적 방식으로 다룬 윤리학』은 죽기 2년 전에 탈고했지만 생전에 출판되지 못했다. 출판되었더라면 소크라테스나 브루노가 겪은 운명을 그도 겪었을 것이 틀림없다.

그가 죽은 다음에 친구들에 의해 비밀리에 출판된 유고집이 세상에 알려지자 교회의 비난은 절정에 이르렀다. 그 중에는 "세계는 몇 세기 동안 이보다 더 유해한 책을 본 적이 없다. … 신들이여, 지상에서 이 페스트를 추방해 주소서"라는 내용도 들어 있다.

그러나 1672년 프랑스의 루이 14세가 네덜란드를 원정했을 때, 그 원정군을 지휘한 콩데*Condé*는 스피노자의 명성을 듣고 찾아와서 스피노자가 직접 서명한 책을 프랑스 국왕에게 바친다면 연금을 받을 수 있도록 주선하겠다고 제의했다. 그 때 스피노자는 한마디로 거절했다. "나는 나의 책을 오직 진리 앞에만 바치겠다."

스피노자는 평온한 생활을 보장해 주겠다는 유혹을 몇 차례 받았다. 1673년 독일 파르츠의 루트비히 대공大公이 하이델베르크대학의 철학 교수로 초빙하겠다고 했다. 철학적 사색의 자유를 보장하겠다는 다짐과 함께 기성 종교를 교란하기 위해서 남용하지 말아야 한다는 단서가 붙은 초빙이었다. 그러나 스피노자는 거부했다. 기성 종교를 교란하지 않기 위해서는 과연 어느 범위로 철학적 사색의 자유를 제한해야 하는지 알 수 없다는 것이 그 이유였다.

스피노자는 명예와 쾌락과 속박을 멀리하면서 진정한 자유인으로 살다가 생을 마감했다. 오랫동안 고통받아 온 폐결핵으로 인해 1677년 헤이그에서 44세의 아까운 나이로 고독하게 죽었다. 그는 『지성정화론』의 서두에 다음과 같이 적고 있다.

세상 사람들은 부와 명예와 쾌락을 인생의 최고선으로 생각하고 그것을 추구한다. 나도 그러한 것에 마음이 끌렸던 때가 있었다. 그러나 이내 그것이 인생의 최고선이 아님을 깨달았다. 부와 명예와 쾌락은 인간의 정신을 질식시키거나 교란시키거나 우둔하게 하거나 적지 않은 후회를 남긴다. 쾌락 추구에는 회오悔悟가 따른다. 그렇다면 무엇이 인간 최고의 생활인가. 그것은 진리를 사랑하고 진리를 추구하는 생활이다.
진리에 이르는 길이 값비싼 대가를 치러야 한다는 사실은 비단 어제 오늘의 일만은 아니다. 그러나 험담이 나를 위험 속에 내버려 두도록 하지는 못할 것이다.

헤겔은 스피노자의 마지막을 '나이 44세. 1677년 2월 21일. 그가 오랫동안 고통당해 왔던 폐결핵으로 죽었다. 그의 사상은 모든 특수와 개별이 하나의 실체에로 소멸되어 버리는 그의 체계와 일치한다' 라고 적었다.

편견에 맞선 계몽시대 지식인

"나는 당신의 의견에는 반대하지만 당신의 의견이 탄압받는 것에 대해서는 당신 편에 서서 단호히 투쟁하겠다."

이 말은 프랑스의 대표적인 계몽사상가 볼테르의 말이다.

인류 역사를 돌아 보면 시대마다 지배층의 통치도구로서 특정한 이데올로기가 존재해 왔다. 그 이데올로기는 언제나 진리 또는 정의의 이름 아래 지배층이 원하는 사회적 요구를 은폐하거나 합리화 하는 형식을 취했다.

지배층은 지배이데올로기의 개발과 더불어 상징조작을 일삼았다. 우상이 상징조작의 대상이 되기도 했다. '네 가지의 우상idora'을 제기한 영국의 철학자 프란시스 베이컨Francis Bacon은 인간 오성悟性의 순수한 사물 인식이 정신외적 요소에 의해 교란되고 방해를 받는다는 점에 착안하여 지식을 왜곡시키고 그것의 객관성을 흐리게 하는 편견을 규명하고자 노력한 사람이었다.

그는 1620년 펴낸 『신 오르가논Novum Organum』이란 저서에서, 인간은 실재實在를 왜곡시키는 모든 편견으로부터 해방되어 물리적 세

인간이 지식을 추구할 때 범하는 오류를 우상에 비유한 영국의 법률가이자 정치가인 베이컨

계에 접근해야 한다고 주장했다. 동시에 인간의 과학적 노력은 선천적·후천적인 환상과 오류에 의해 방해를 받는다고 했다. 이러한 인지적認知的 장애를 '정신의 우상'으로 규정한 베이컨의 네 가지 우상론을 살펴보자.

첫째로 '종족의 우상'이다. 이것은 인간의 공통된 본성에서 유래된다. 현실은 있는 그대로의 모습으로 우리에게 비추어지는 것이 아니라 우리들이 갖고 있는 감각이나 오성을 통해서 지각된다. 그런데 우리들이 갖고 있는 오성은 곡면경曲面鏡과 비슷하다. 외부의 대상은 우리들의 비뚤어진 오성을 통해 굴절되어 반영되는 것이다.

둘째로 '동굴의 우상'이다. 개인의 편견이나 지적 결핍을 반영한다.

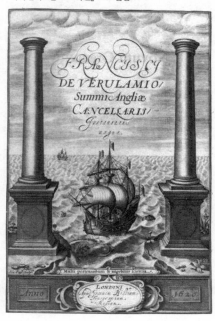

베이컨의 『신 오르가논』 1620년판

오류는 우리들이 제한된 경험과 지식을 갖고 있는 특수적 존재이기 때문에 발생한다. 우리는 세계를 우리가 점하고 있는 특수한 '동굴'의 제한된 관점에서만 해석한다.

셋째로 '시장의 우상'이다. 인간끼리의 사상의 교환에서 유래하는 순수인식純粹認識의 교란을 말한다. 인간은 언어라고 하는 수단을 사용하여 커뮤니케이션을 행한다. 더구나 사물은 언어의 관용에 따라, 즉 민중이 이해하는 바에 따라 명명된다. 관습적인 잘못된 명칭이 올바른 인식을 방해하는 것이다. 언어는 사상의 족쇄이다. 언어는 인간을 무익한 논쟁과 혼동, 그리고 오류 등으로 끝없이 시달리게 한다.

넷째로 '극장의 우상'이다. 과거의 전통이나 권위의 영향에서 기인한다. 어떤 견해나 도그마가 다시 승인되면 그것은 마치 법칙처럼 권위를 갖게 된다. 종래 사상가의 교설敎說은 사물을 실제로 있는 그대로 가르치는 것이 아니라 극장의 무대 위에서 사실처럼 보이려는 요술과 같은 것이다.

베이컨은 이처럼 순수한 사물 인식을 방해하는 편견과 선입견으로부터 인간의 정신을 해방시키고자 노력했다. 사실 인류의 역사는 베이컨의 노력 이전부터 많은 선각자와 지식인이 독재권력이나 이데올로기의 우상, 전제화된 교권에 도전하여 수난과 박해를 받아왔다.

중세 암흑시대에 봉건영주와 교권에 저항하여 싸운 사제 뮌처 *Müntzer*를 비롯하여 계몽시대의 지식인들이 어떻게 전제체제와 봉건적 편견의 우상을 상대로 싸우다가 박해받았는가에 대해 살펴보자.

급진파 종교개혁가 뮌처

프로테스탄트 종교개혁 시기의 독일 급진파 종교개혁 지도자인 뮌처는 1488년 독일에서 가장 북쪽에 있는 하르츠 산지의 슈톨베르크에서 출생했다. 아버지는 화폐 주조공이었다는 설이 있다. 프랑크푸르트 대학에서 신학을 공부하고 마르틴 루터의 추천으로 31세 때 츠비카우의 사제가 되었다.

그는 신비주의 사상과 종말사상, 그리고 민족주의적 혁명사상을 갖게 되면서 로마 가톨릭교회의 관행뿐만 아니라 루터파의 개혁 이념에

급진적 종교개혁 이념으로 농민반란까지 주도한 뮌처

도 점점 더 반대하고 종파주의적 입장을 더욱 강화해 갔다. 그것은 '츠비카우의 예언자들'로 알려진 급진적 종교개혁집단의 지도자인 니콜라우스 슈토르흐의 가르침이었다. 진정한 권위란 성서가 아니라 하느님이 자신의 사람들에게 부여한 내면의 빛이라고 보는 입장이었다. 그것은 가르침이 성령으로부터 온다고 믿고 믿음에 의해서만 의롭게 된다는 루터의 의인론義認論이나 성서의 권위에 대한 교리와는 당연히 대립되었다. 또 루터가 교황권에 대해서 성서의 말씀을 호소한 데 비해 그는 산상설교의 사회비판에서 출발하여 원시기독교의 공산주의적 경향에 호소했다.

이러한 사상적 대립 때문에 뮌처는 루터와 결별하지 않을 수 없었다. 루터는 성서의 권위보다 성령의 내면적 빛을 우위에 두는 뮌처에 대해 성령을 '털까지 통째로 삼킨 자'라고 비난했다. 시 당국은 뮌처의 사상을 심문하려고 소환장을 발송했지만 그는 응하지 않았다. 결국 그는 츠비카우로부터 추방되고 당국의 허가 없이 저서를 출판할 수 없다는 출판금지령을 받았다.

그의 기본사상은 인간의 평등과 재산의 공유, 균등한 분배에 있었다. 뮌처는 농민이 주인이 되는 '천년왕국'을 건설하는데 신으로부터 위임받은 총수로 자부했다. 그리고 이와 같은 임무를 수행하려면 혁명이 불가피하다고 믿었다.

　1521년 츠비카우에서 추방당한 그는 만스펠트 광산지역 근처의 알슈테트에서 선교활동을 시작했다. 이곳에서 그는 군주, 지배자 및 부자들을 강하게 비판하는 설교로 농부와 광부들의 공감을 불러일으켰다. 가난한 자를 위해 교회와 수도원의 강탈을 비판하면서 1524년 '그리스도인 통합'이라는 이념을 기초로 승려, 귀족, 제후들에게 반대하는 자위 조직인 알슈테트동맹을 결성했다. 이런 까닭에 지배계급으로부터는 '악마의 아들'이라 불리게 되었다.

　당시 독일 농민들은 견딜 수 없는 무거운 세금 부담에서 벗어나려고 허다한 반란을 일으켰는데 1524~25년 서남 지방에서 발생한 농민반란은 중부 독일에까지 번져 농민전쟁으로 확대되었다. 이러한 정세에서 뮌처는 영주측과 타협하여 기존 질서의 존중을 역설하는 루터와 정

1520~21년간 뮌처가 활동했던 독일 츠비카우 전경

면으로 대립했다. 그는 튀링겐의 뮌하우젠에서 반란을 일으켰다. 그곳은 반란자들이 정부와 의회를 전복시키고 1525년 3월에 소위 '영원한 의회'를 세운 중부 독일의 반란 중심지였다.

반란은 많은 농민들의 지지를 얻어 농민전쟁으로 발전했다. 뮌처와 농민들은 다음과 같은 12개 조항의 요구조건을 내세웠다.

① 교회를 민주적으로 운영할 것 ② 십일조 폐지 ③ 농노적 예속 폐지 ④ 숲과 물에서 자유로운 사냥과 고기잡이를 허용할 것 ⑤ 자유로운 벌목을 허용할 것 ⑥ 세금을 줄일 것 ⑦ 부역을 늘이지 말 것 ⑧ 토지세를 적정하게 매길 것 ⑨ 처벌을 마음대로 하지 말 것 ⑩ 촌락공동체를 형성할 것 ⑪ 과부와 고아를 약탈하지 말 것 ⑫ 이상의 권리 주장의 조항에 대해 자유로운 토론을 요구한다는 것이었다.

콜비츠의 〈농민반란 죄수들〉 1908년

뮌처가 농민반란을 전개했던 뮌하우젠에서 가장 오래된 건물(왼쪽)과 농협 건물(오른쪽)

그러면서 농민들을 즉각 해방시키든가, 아니면 성서의 문구로써 농민들이 노예가 되지 않으면 안 된다는 것을 증명하라고 요구했다. 뮌처는 농민들을 선동했다.

"일을 시작하라. 투쟁에 진출하라. 때는 왔다. 바로 지금이다. 악당들은 암캐처럼 무서워한다. … 그들은 우리에게 간청하고 어린아이처럼 울부짖을 것이다. 하지만 그들을 용서해서는 안 된다. 쇠는 달았을 때 단련해야 한다. 때가 지나기 전에 일을 시작하라."

뮌처가 주도한 반란은 오래 가지 못했다. 1525년 5월 27일의 프랑켄하우젠 전투에서 제후들에게 패하고 그는 체포되어 참수형을 받았다. 이 때 농민들에 대한 탄압은 엄청나게 가혹했는데, 무려 13만 명의 농민이 학살되었으며 지도자급 인물들은 불에 지지고 가죽을 벗기는 고문을 받았다. 이로써 약 1백 년 동안 독일 각지에서 발생하던 농민반

란은 종말을 고했고, 농민들에게는 이전보다 더 가혹한 탄압과 수탈만
이 기다리고 있었다.

함구 대신 투옥 택한 버니언
다음은 일본의 시인 출신 정치가인 사이고 다카모리의 시이다.

옥에서 쓰고 신맛 겪으니
뜻이 더욱 굳어진다
사내가 옥같이 부서질지언정
기왓장처럼 옹글기를 바라겠는가
우리집 지켜오는 법을 너희가 아느냐
자손을 위해 좋은 밭 사줄 줄 모른다 하라

함석헌 선생이 직접 번역하여 즐겨 인용하던 시였다. 영국의 설교가
이자 우화작가인 존 버니언*John Bunyan*의 고난의 생애에 이 시를 헌
정한다고 해서 이의를 달 사람은 없을 것이다.

버니언은 베드퍼드 감옥에 14년 동안 수감되어 『천로역정』 『충만한
은총』 등 불후의 책을 쓰면서 국교회國敎會의 횡포에 맞서 싸운 인물
이다. 그는 국교회와 일치하지 않는 예배를 집행한 죄로 기소되어 함
구할 것이냐 투옥될 것이냐를 택일하라는 협박을 받고 감옥행을 선택
했다. 32세인 1660년부터 12년간, 그리고 다시 1675년부터 2년간 투옥
되는 등 모두 14년간 청춘의 대부분을 감옥에서 보냈다.

이 무렵 영국의 찰스 2세는 비국교非國敎의 설교자들을 가차 없이
탄압했다. 버니언은 설교하는 목자의 한 사람으로 비교적 자유로운 입

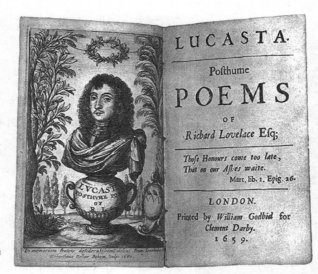

버니언의 『천로역정』
1659년판

장에서 성서를 해설하고 신앙심을 설교했다. 그러나 권력은 그를 가만히 내버려두지 않았다. 명성이 워낙 높았고 따르는 사람이 많았기 때문이었다. 처음에는 위협하거나 회유를 시도했지만 버니언은 굴하지 않았다. 양심의 자유를 지키고자 투옥을 마다하지 않았다.

크롬웰은 칼과 성서를 두 손에 들고 싸웠지만 버니언은 옥중에서 성서를 읽으면서 천국에 올라가는 길을 꿈꾸며 전제화된 교권과 맞서 싸우는 길을 택했다. 그 결과, 마침내 자유로운 신앙생활과 설교의 자유를 쟁취했다.

60년이라는 생애를 오직 신앙과 양심의 자유를 위해 선각자적인 삶을 살아온 그의 어린 시절은 무척 불우했다. 1628년 베드퍼드의 시골에서 땜장이의 아들로 태어나 정규 교육이라고는 마을의 초급학교에 다닌 것이 전부였다. 17세에 내란(청교도혁명)이 터져 의회군에 징집되

베드퍼드감옥이 있던 곳에 세워진 버니언의 동상(위)과 번힐필즈에 있는 그의 무덤(아래)

었다가 제대를 한 후에 한때 건달로 지내기도 했다.

그러나 결혼한 아내가 유일한 지참물로 가져온 조상 전래의 책이라는 루이스 베일리의 『경건 훈련 *The Practice of Piety*』과 아더 덴트의 『평범한 사람이 하늘에 이르는 좁은 길』이라는 두 권의 책을 읽고서 깊이 감동되어 신앙생활을 시작했다. 성서 공부를 착실히 하여 마침내 무학의 전도사가 되어 명성을 떨치게 되었다. 진지한 설교가 많은 사람의 마음을 사로잡을 수 있었던 까닭이었다.

이 무렵, 영국 왕실과 국교회측은 비국교파에 대해 대대적인 탄압을 시작했다. 버니언은 국교회파 성직자의 뜻에 영합하지 않아 오랜 감옥생활을 했고 그 동안 가족은 굶주림과 탄압에 시달렸다. 그런데도 그의 정신과 필력은 쇠하지 않아서 『넘치는 은혜』『악인의 삶과 죽음』『거룩한 전쟁』『천로역정』 등 주옥 같은 9권의 저서를 썼다.

『천로역정』이 성서 다음 갈 정도로 널리 번역되어 읽히는 이유는 프로테스탄트의 신앙을 잘 표현하고 있기 때문이었다. 비유적인 표현형식이 어른에서 어린아이에 이르기까지 능력에 알맞게 흥미를 일으켜주기 때문이다. 그것은 자유롭게 구사되고 있는 성구聖句가 단순한 성서의 나열이 아니라 작가 스스로의 깊은 신앙 체험에 바탕을 두고 있었기 때문이다.

옥중에서 버니언의 위대한 저작과 인내심은 런던의 주교를 위시하여 많은 교인들의 동정을 사기에 이르렀고 한편으로는 부당한 옥고를 안타까워하는 많은 지식인들의 공감을 불러일으켰다. 마침내 석방운동이 전개되어 그는 다시 밝은 태양을 볼 수 있었다.

그 뒤 버니언은 '만족이 있는 곳에는 가난한 오두막집이라도 궁전과 같다'는 모토를 내걸고 청빈한 생활자세를 견지하면서 가난하고 핍박받는 민중의 영혼 구제에 여생을 바쳤다.

60세가 되던 1688년 설교를 위해 여러 지역을 방문하다가 런던에서 죽었는데, 심한 비를 맞아 열병에 걸렸던 것이다. 하지만 죽은 뒤에도 권력의 박해와 국교파들의 비난, 저서의 판매금지 등 수난은 그치지 않았다.

프랑스혁명의 불씨 만든 볼테르

볼테르는 18세기 프랑스 최대의 사상가, 시인, 극작가, 소설가, 역사가, 서한가였다. 광범위한 지식과 무궁무진한 정력과 신랄한 비판 풍자로서 계몽주의 시대의 태양과 같은 존재였다. 붓 한 자루로 구체제의 전제 군주제도를 붕괴시키는 데 결정적으로 기여한 지식인이었다. 난공불락의 철옹성 같았던 바스티유 감옥도 마침내 볼테르의 예리한

1772년 제작된 볼테르 기념주화

붓끝에 구멍이 뚫리기 시작하여 프랑스 대혁명의 새 시대가 열리는 계기를 만들었던 것이다.

1694년 파리에서 공증인의 아들로 태어났고 귀족과 상류 중산층 자제들이 많이 다니는 루이 르 그랑 학교를 다녔다. 일찍부터 자유사상의 영향을 받으면서 성장한 그는 섭정에 대한 풍자시와 귀족과의 언쟁 때문에 두 번이나 투옥되어 봉건적 신분제와 전제권력의 불합리성을 젊어서부터 체득했다.

볼테르가 처음으로 바스티유에 갇히게 된 것은 '하찮은' 언쟁 때문이었다. 당시는 귀족과 평민의 계급 차등이 심할 때였다. 어느 날 귀족 청년이 볼테르의 평범한 농담에 그의 뺨을 갈기자 크게 모욕을 당한 볼테르는 그 청년에게 정식으로 결투를 신청했다. 그러나 귀족청년은 평민이 무슨 결투냐고 상대하지 않고 오히려 하인을 시켜 두들겨 팼다. 이 사건으로 그는 불온사상가라는 혐의로 투옥되는데, 평소 왕실에 대해 비판적인 입장이란 것과 귀족에 대한 작은 독설의 원한이 작용한 결과였다.

얼마 후 볼테르는 프랑스를 떠난다는 조건으로 석방되어서 할 수 없이 영국으로 건너갔다. 그러나 3년간의 망명생활은 그에게 행운이었다. 영국의 의회정치를 비롯하여 민주주의적인 여러 제도, 풍속, 사상,

문화에 접촉할 수 있었기 때문이었다. 이 때의 견문을 귀국 후에『철학서간(영국서간)』으로 정리하여 발표했다.

볼테르는 이 책에서 프랑스를 영국과 대조하면서 절대왕정 하의 프랑스를 신랄하게 비판하고 풍자했다. 권력자가 자신의 체제를 비판하는 지식인을 용납하지 않는 것은 프랑스 군주라고 해서 예외가 아니었다. 프랑스는 이 책이 '종교와 도덕에 반하고 기성 권력체제에 대한 경의를 어기는 창피스러운 작품'이라는 이유로 소각 명령을 내리고 볼테르에겐 체포령을 발부했다. 결국 볼테르는 다시 피신하지 않을 수 없었다.

때마침 개명한 전제군주로 자부한 프로이센의 프리드리히 2세가 그를 사부로 모시겠다고 초청했다. 권력의 박해를 피해 이리저리 은신 중이던 볼테르는 이 제의에 솔깃하여 베를린으로 갔다. 하지만 볼테르는 착각하고 있었다. 전제 권력자와 진정한 지식인과는 결코 어울릴 수 없다는 점을 간과했던 것이다.

두 사람의 관계는 오래 가지 않았다. 결코 권력 앞에 머리를 조아릴 줄 모르는 볼테르의 오연한 자세, 그리고 권력이면 무엇이든 지배할

후버의 〈페르네 농부들과 이야기하는 볼테르〉 1775~76년

수 있다고 믿은 프리
드리히 2세는 금방
사이가 틀어졌다. 결
국 볼테르는 프로이
젠을 떠났는데, 여행
중에 프랑크푸르트
의 한 여관에 연금당
하기도 했다.

크게 봉변을 당한
볼테르는 간신히 프
러시아를 탈출했으
나 프랑스의 루이 15
세는 그가 파리로 오
는 것을 금지했다.

후버의 〈실패한 볼테르〉 1775~76년

결국 그는 신체적인 안전과 사상의 자유를 찾아 각지로 전전하다가 겨
우 스위스 국경 가까운 페르네에 거처를 마련했다. 물론 그 사이에도
쉬지 않고 저작활동을 계속하여 『캉디드 *Candide*』와 여러 편의 소설,
희곡을 비롯하여 역사연구서 『루이 14세 시대』와 역사론 『풍속론』을
저술했다.

페르네에 정착한 후, 그는 생애의 가장 활동적인 시기를 보냈다. 수
많은 문필가나 철학자들과 교제했으며, 러시아 황제 예카테리나 2세
와도 서신을 교환했다. 각지의 제후, 귀족, 평민 등 각계각층 인사들이
그를 찾았다.

볼테르의 본령은 전제주의에 대한 비판과 풍자, 광신, 교회의 불관

용, 사회적 편견과 특히 봉건적인 권력 우상과의 투쟁에 있었다. 그의 종교비판이 당시의 사상계에 강렬한 영향을 미친 것은 두 말할 나위도 없다. 그는 관제官製 종교의 근원이 무지와 열광, 기만에 있다고 생각하고 교회사를 일관하여 박해, 약탈, 모살과 비인도적인 행위가 계속되는 부정不淨의 역사로 간주했으며 마침내 교황을 '두 발 가진 금수'로까지 비난했다. 가톨릭에 대한 그의 저항은 반봉건 투쟁의 일부를 구성하는 것이고 그만큼 진보적이었다는 점은 의심할 여지가 없다. 당시 그는 관제 종교에 대해 반대했지만, 그렇다고 해서 모든 종교에 대해 반대한 것은 아니었다.

일찍이 라마르틴느는 "만약 사업을 기준으로 하여 인간을 판단한다면 볼테르야말로 근대 유럽의 최고 작가이다. 신은 그에게 83세의 수명을 부여하고 쇠퇴해 가는 구시대를 해체시키는 사명을 부여했다. 그는 '시간과 싸우는' 시대를 살았다. 그가 쓰러졌을 때 그는 승리자였다"라고 했다. 그러나 볼테르는 긴 생애의 대부분을 추방생활로 보내야만 했다.

오랜 망명생활에서 프랑스인들의 환호를 받으며 파리로 귀환한 볼테르는 1778년 대혁명을 11년 앞두고 조용히 운명했다.

민중의 편에 선 이단자 루소

인간은 자유롭게 태어났다. 그러나 사람은 어디서나 쇠사슬에 얽혀 있다. 자기는 다른 사람의 주인일 것으로 믿는 사람도 자기가 지배하는 사람보다 한층 더 노예적인 상태에 있는 것이다. 어찌해서 이런 변화가 생겨났는가. 나는 모른다. 그렇다면 이것을 합법적인 것으로 만드는 것은 무엇일까. 이 질문에는 답할 수 있다. 만일 내가 폭력과 폭력으로부터 생기는 결

과만을 생각한다면 나는 이렇게
말할 것이다.

'어떤 국민이 복종을 강요당하
고, 그래서 복종하고 있을 때는
그것으로 좋다. 만일 이 속박에
서 벗어날 수 있게 되어 그로부
터 벗어난다면 더욱 좋은 일이
다. 왜냐하면 국민의 자유를 박
탈한 편과 마찬가지의 권리로써
국민의 자유를 박탈한 자가 비
난당할 수 있기 때문이다.'

그런데 사회질서는 신성한 권리
로서 다른 일체의 권리의 기초
가 된다. 그러나 이 권리는 결코
자연에서 생겨나는 것이 아니므
로 계약의 위에 세워져야 한다.
문제는 이 계약이 무엇인가를
아는 것이다.

이 글은 루소의 『사회계약론』
제1편 제1장의 첫머리이다. 루
소는 18세기 프랑스의 대표적인
계몽사상가의 한 사람이다. 그
의 정치사상은 프랑스혁명의 정

라 투르의 루소 초상화(위)와 루소 동상(아래)

루소의 『에밀』 1762년 초판

신적 토양이 되었고, 그의 민주사상은 공화제의 원리가 되었으며, 그의 교육사상은 근대 교육철학의 선구가 되었다. 또 그의 문예사상은 로맨티시즘의 발전에 큰 영향을 미쳤다.

　루소는 오랜 방랑과 정치적인 추방생활, 그리고 개인적인 불우와 자유분방한 정신으로 56년이란 길지도 짧지도 않은 생애를 모진 고난 속에서도 많은 업적을 남긴, 인류지성사에 크게 기록되는 인물이다. 『인간 불평등기원론』『사회계약론』『에밀』『고백론』 등은 빈곤과 좌절, 고난과 핍박 속에서 쓰여진 명저들이다.

　루소는 1712년 스위스의 제네바에서 시계 제조공의 아들로 태어났다. 생후 열흘 만에 모친이 사망하고 열 살 때 부친이 가출하는 등 육친의 사랑을 전혀 받지 못하는 불행한 소년시대를 보냈다. 열 여섯 살 때 제네바를 떠나 방랑생활을 시작했으며, 한때 귀족 미망인의 보호를 받았고, 파리로 와서는 하인, 악보 필사, 거리의 악사, 음악 교사, 비서 직 등 여러 직종을 전전했다. 그러면서도 문화계에서 활동하고자 하는

집념만은 버리지 않았다. 그러나 내성적인 성격 때문에 당시 한참 유행하던 살롱의 분위기에는 잘 적응하지 못했다.

루소가 사회적으로 두각을 나타내게 된 계기는 1750년 디종*Dijon* 아카데미의 현상논문에 『학예론』이 당선된 일이었다. 이 논문에서 그는 인간은 본래 선하지만 사회와 문명 때문에 타락했다는 그의 사상 중심을 잘 드러냈다.

첫 논문이 출간된 이후, 그는 백과전서파百科全書派 인사들과 어울리면서 음악 관련 기고가로 활동했다. 그 뒤 가톨릭에서 프로테스탄트교로 개종하기 위해 칼뱅주의 도시인 제네바로 돌아가 디종 아카데미의 질문에 답하는 두 번째 논문 『인간 불평등기원론』을 집필했다. 그리고 여러 해 동안 각지를 방랑하면서 학대받는 민중의 괴로움을 직접 목격하고 군주나 귀족계급의 호화, 사치생활과 대비하게 되었다. 그의 사회비판과 문명비평은 스스로 체득한 현실을 바탕으로 이루어진 것이었다.

　1762년 『에밀』의 출간은 온 유럽에 그의 명성을 떨치게 했다. '교육론'이라는 부제가 붙은 이 책은 『사회계약론』의 공화주의 윤리와 『신엘로이즈』의 귀족 윤리를 번갈아 내세우는데, 한 가정교사가 어떤 부잣집 아들을 가르치는 이야기이다. 루소는 여기서 악과 오류는 어린이의 본성이 아니라 외적 영향에 의해 일어나므로 가정교사는 이러한 영향을 막고 어린이가 자연에 따르도록 가르쳐야 한다고 주장했다.

　이 책은 발간되자마자 커다란 반향을 일으켰다. 그러나 종교적 내용과 관련하여 스위스의 신교와 프랑스의 구교로부터 모두 비판을 받았다. 판매에 들어간 지 일 주일 만에 파리 의회가 이 책을 압수하고 저자에 대해 체포령을 내렸다. 루소는 간신히 프랑스를 탈출하여 스위스

1778년 사망 직후 만든 루소의 흉상(왼쪽)과 그의 『사회계약론』 1762년판(오른쪽)

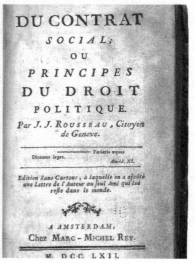

로 도피했지만 제네바 당국도 『에밀』과 『사회계약론』에 대해 유죄판결을 내리고 책을 소각하자 그는 유럽 각지를 떠돌아다니는 신세가 되었다. 그의 나이 50세였다. 이 때부터 그는 9년 동안 망명생활을 해야 했다. 피신지에서 검찰총장의 체포 공소장 내용을 전해들은 루소는 자서전 『고백록』에서 다음과 같이 적고 있다.

나는 이 사건에 있어서 나의 올바름과 결백을 믿고 어떤 박해가 닥쳐오더라도 진리를 위해 당하는 명예로움에 흐뭇해져서 그 결말을 조용히 기다리고 있었다.

그의 저서로 인한 수난은 『에밀』만이 아니었다. 『사회계약론』은 불태워지고 이로 인해 루소는 1763년 거처하던 스위스 베른시로부터 즉각 떠나라는 추방명령을 받았다. 베른에서 쫓겨나 제네바의 이곳저곳을 전전하던 그는 1766년 스코틀랜드의 철학자 데이비드 흄*David Hume*의 도움으로 영국으로 망명했다. 그리고 4년 후에 프랑스로 돌아올 수 있었는데, 그때까지 체포령은 취소되지 않았으나 책을 다시는 집필하지 않는다는 조건으로 묵인해준 것이었다.

루소 사상의 중심은 사회의 불평등 및 그것을 극복하는 방법에 관한 문제였다. 그는 자연적 상황, 즉 원시시대에 있어서는 인간은 모두 평등하고 자유로웠으며 사유재산이 없었으므로 도덕적으로도 완전히 깨끗하고 죄악도 없었다고 생각했다. 그런데 시민사회가 성립되고 사유재산이 출현하자 소수의 부자들을 제외한 대부분의 사람이 가난하게 되어 사회적 불평등이 생기고 죄악도 나타나게 되었다는 것이다.

루소는 불평등의 발생을 일종의 진보로 간주하지만 이러한 진보는 적대적 관계를 포함한 것이었다. 그의 국가론은 사회계약설이었다. 그는 자연적 상태에 대해 홉스*Hobbes*와 달리 모든 사람에 의한 자유롭고 평등한 사회로서 이상화했다. 사람들이 계약을 맺어 국가를 수립하고 지배자를 뽑는 것은 자기의 자유를 보장한 것이기 때문에 만약 지배자가 전제적 폭군으로 되는 경우에는 폭력에 의해 타도하는 것이 완전히 합리적이라고 생각했다. 또 인민이 국가의 주인이기 때문에 인민이 주권을 양도하지 않으려 하면 박탈하는 것은 불가능하다고 생각했다.

이러한 루소의 사회계약설은 프랑스 대혁명의 이념적 기틀이 되었으며 근대 시민사회에서 민주공화제로 구현되었다. 그러나 그 자신은 고난과 궁핍, 좌절의 험난한 생애를 살아야 했다.

미국 독립운동의 선구자 페인

토머스 페인*Thomas Paine*은 1737년 잉글랜드 동부에 위치한 노퍽의 셋퍼드라는 마을에서 퀘이커 교도의 아들로 태어났다. 열 세 살에 중학교를 중퇴하고, 공장 견습공, 선원, 세리稅吏, 교사, 담배 가게 점원으로 전전했다. 가정적으로도 매우 불우하여 첫 번째 부인과는 사별하고 두 번째 부인과는 이혼했다.

1772년 수세 관리의 임금인상 운동을 벌이면서부터 정치 문제에 관심을 가졌는데, 이 운동이 실패하자 그는 빚에 몰려 투옥되는 것을 피해 런던으로 왔다. 이 때 벤저민 프랭클린*Benjamin Franklin*의 주선으로 미국으로 건너가「펜실베이니아 매거진」의 편집기자로 일했다. 얼마 후에 편집장이 되어 자유와 독립을 부르짖는 이론가의 위치를 확고히 했다. 페인은 이 잡지를 통해 흑인 노예제도, 결투 관습, 세습적 위계位階 칭호를 규탄하고 여성의 권리, 노령연금, 합리적 이혼법, 국제적

연합, 공학제적共學制的 평등을 주장했다. 1776년에는 『코먼센스常識』를 집필하여 당시 독립을 주저하고 있던 미국인들로 하여금 독립에 대한 열망을 불러일으켰다. 그에 따라 그의

'아메리카 합중국'이란 말을 처음 사용한 페인

명성 또한 미국과 유럽 전역에 떨쳤다. 특히 발행 석 달 만에 무려 12만 부가 팔렸고 총 판매 부수가 50만 부에 달한 『코먼센스』는 당시 미국 인구가 2백50만 명이라는 점을 감안할 때 미국 역사상 전무후무한 베스트셀러였다. 그만큼 독립운동에 강렬한 불씨를 당기게 한 것이다.

그는 이 책의 서문에서 "아메리카가 내세운 명분은 전 인류의 명분과 같다"고 전제하고 "총칼로 한 나라를 황폐하게 만들고 전 인류가 가진 자연권에 대해 선전포고하며 자연권의 지지자를 없애려 한다는 것은 자연이 준 느낌의 힘을 가진 모든 사람의 관심의 적이 되지 않을 수 없다"고 주장했다.

미국인들이 독립을 꺼리는 이유가 영국을 모국으로 생각하는 감정이라는 사실을 깨닫고는 다음과 같이 주장했다.

그것이 사실이라면 영국은 더욱 부끄러워해야 한다. 야수도 제 새끼를 먹지 않고 야만인도 그 가족과 전쟁하지 않는다. … 조국, 모국이라는 우리 마음의 약점을 노리고 국왕과 그 일당이 지어낸 위선적인 말이다. 아메리

카의 조국은 영국이 아니라 유럽이다. 신세계는 유럽의 모든 곳에서부터 시민적·종교적 자유를 사랑하다가 추방당한 사람들이 피난 온 곳이다. … 그리고 최초의 이민자들을 고국에서 추방했던 폭정이 지금껏 그 후손을 짓밟고 있는 곳이 바로 영국이다.

페인은 독립선언 후에 워싱턴의 군대에 종군하면서 『미국의 위기』라는 글을 써서 곤경에 빠진 독립군의 사기를 크게 진작시켰다. 그리고 독립이 완성되자 유럽으로 건너가 여러 해 동안 영국에 머물렀다. 여기서 그는 프랑스 국민들이 일으킨 봉기를 비난한 저서 『프랑스 혁명론』을 펴낸 보수주의적 사상가 에드먼드 버크*Edmund Burke*를 반박하고 혁명을 옹호하는 저서 『인간의 권리』를 발표했다. 때문에 반역죄

페인의 『인간의 권리』 1791년판(왼쪽)과 『이성의 시대』 1794년판(오른쪽)

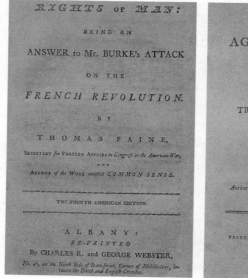 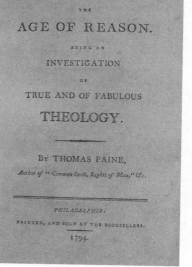

로 몰려 영국을 떠나 혁명
의 열기로 들뜬 프랑스로
망명했다.

프랑스혁명을 열렬히
지지한 페인은 군주제 철
폐에는 환호를 보냈지만
왕당파에 대한 테러를 유
감스럽게 생각하여 처형
이 아닌 유형을 주장했다.
그러나 루이 16세는 처형
되고 말았다. 로베스피에
르 이하 급진주의자들이
권력을 잡자 왕을 구하려
했던 노력의 대가로 투옥
당했다.

페인은 루이 16세의 처형에 반대했다가 투옥당했다.

1794년 로베스피에르의 실각과 함께 풀려난 페인은 감옥에서 쓰기
시작한 『이성의 시대』 1부를 출간했다. 그러나 이것은 이신론理神論을
주장한 것인데도 무신론자의 성경으로 몰려 크게 탄압받고 다시 미국
으로 돌아갈 수밖에 없었다. 이 책의 출판인들은 1년 금고형을 받았
고, 월 1회의 폭형의 선고를 받았다. 그 후 1811년 『이성의 시대』 3부
를 출판하여 또다시 18개월의 금고형을 선고 받았다. 1819년에는 리
처드 카라일이 이 책을 출판한 죄로 투옥되고 출판사 직원 모두 시련
을 겪었다.

'아메리카합중국'이란 말을 처음으로 사용하고, 아메리카의 독립전

쟁에 불을 지핀 페인이었지만 그의 '조국'인 아메리카는 페인에게 시민권도 주지 않았다. 말년을 가난과 질병에 시달리던 페인은 72세를 일기로 죽었으나 퀘이커 묘지에 묻히는 것마저 거절당했다. 그러나 생존시의 증오와 박해에도 불구하고 훗날 미국의 제7대 대통령 잭슨 *Andrew Jackson* 은 "토머스 페인을 위해 기념비를 세울 필요는 없다. 그 자신이 하나의 기념비가 되어 자유를 사랑하는 모든 사람의 영혼 속에 살고 있기 때문이다" 라고 추모했다.

독일 독립의 모티브 준 피히테

'행동이야말로 우리가 살고 있는 목적'이라고 하여 사유와 행동의 일체화를 추구한 독일의 철학자 피히테*Johann G. Fichte*의 특징은 지식학을 몇 번이나 다시 쓰고 학자의 사명에 관해 몇 번이고 열렬한 공개강연을 시도했다는 점에서 나타난다. 독일의 현상에 타협하지 않고 철저하게 현실을 비판했던 그는 무신론 논쟁 때문에 보수파의 공격목표가 되었으며 예나대학을 떠나야만 했다.

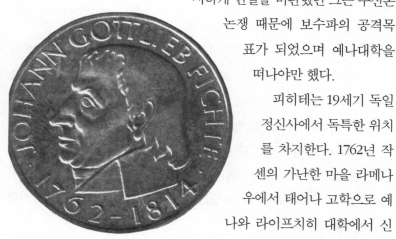

1964년 발행된 피히테 기념주화(5마르크)

피히테는 19세기 독일 정신사에서 독특한 위치를 차지한다. 1762년 작센의 가난한 마을 라메나우에서 태어나 고학으로 예나와 라이프치히 대학에서 신학을 공부했다. 프랑스혁명을 감연히 옹호하는 가장 전위적인 독일관념론 철학자로 등장하여 1794년 예나대학의 교수가 된 그는 처음에는 칸트Kant의 인정을 받아 명성을 얻었으나 그와 대립하게 되고, 자연철학자 셸링Schelling과 헤겔로부터도 비난받아 외로운 학자의 길을 걸어야 했다.

피히테가 세계적인 명성을 얻게 된 것은 1807년 12월부터 다음해 3월까지 매주 일요일 저녁에 베를린의 학사원 강당에서 공개강연을 한 것이 계기가 되었다. 당시 베를린은 프랑스군의 점령 하에 있었기 때문에 그러한 일은 목숨을 걸지 않고는 감행하기 어려운 행동이었다.

1806년부터 이듬해에 걸쳐 프로이센 군대는 나폴레옹군에게 격파당하고 베를린도 프랑스의 지배 아래 들어갔다. 이러한 사태에 직면하자 피히테는 열렬한 조국애에 휘말렸으며 일신의 위협을 돌보지 않고 독일 국민을 향해서 도덕적 향상을 외치고 나섰다. 그는 "지난 3년 동안 인류의 타락 상태는 종국에 달하고 있으며, 이제야말로 이성이 지배하는 세계가 열리려 하고 있다"고 역설했다. 그러면서 새로운 시대에서 이성의 지배를 완성시킬 수 있는 것은 오로지 독

베를린대학에서의 피히테와 그의 친구 슐라이어마허

일 국민뿐이라고 강조했다.

독일 민족은 수많은 탁월한 소질을 갖추고 있는데, 특히 독일어의 순수성, 창조성은 다른 민족의 언어에서는 전혀 찾아볼 수 없는 것이라고 했다. 독일 민족이 진리를 체험하고 형성하여 루터와 같은 개혁자, 칸트와 같은 철학자를 배출할 수 있었던 것도 독일어의 탁월성에서 온 것이라고 했다. 그러므로 독일 국민은 이제야말로 외국을 맹종하는 태도를 버리고 국민으로서 자주독립을 향해 나가야 하며 국민문화의 발전을 정치적 독립에 의존해야 한다는 점을 주장했다.

그는 독립을 위해서는 무엇보다도 국민 전체의 도덕적 혁신이 요구된다고 역설하고 그 수단을 청소년 교육에서 구하고자 했다. 외래문화에 더럽혀지지 않는 새로운 세대의 교육에 전부를 맡기려는 생각이었다. 그는 철저히 공교육을 주장했다.

피히테가 철학 교수로서 『학자의 사명에 관한 몇가지 강의』 등 중요 저작을 저술했던 예나대학

그의 강연은 14회에 걸쳐 계속되었고 즉시 인쇄에 붙여져서 많은 독일 국민에게 강한 인상을 남겨 독일 독립의 정신적·철학적 모티브가 되었다.

피히테는 32세 때 예나대학 교수가 되었다. 그러나 무신론 논쟁으로 곧 파면되어 베를린으로 옮겼다가 나폴레옹의 점령 하에서 소신과 용기를 잃지 않고 과격적인 강연을 하여 엄청난 반향을 불러일으켰다.

그는 『학자의 사명에 관한 몇 가지 강의』『지식학의 원리에 따른 자연법의 기초』『지식학의 원리에 따른 인륜이론의 체계』『인간의 천직』 등 우수한 저서를 쓰고 1810년 베를린대학 초대 총장으로 취임했다. 그러나 오래지 않아서 독립전쟁 때 간호원으로 일했던 부인에게서 악성 발진티푸스에 감염되어 52세의 나이에 죽고 말았다.

혁명주의적인 사회개혁가

백작 칭호 버리고 혁명에 참여한 생 시몽

사회주의 사상의 여러 형태 가운데 '공상적'이라는 관사가 붙은 사회주의 사상은 사회주의의 초기 단계라고 할 수 있다. 마르크스의 '과학적 사회주의'와 구별하기 위해 나중에 붙여진 이름이지만 근대적 사회주의운동의 출발점은 공상적 사회주의 사상에 기원한다.

공상적 사회주의 운동의 창시자인 생 시몽*Saint Simon*은 1760년 가난한 몰락 귀족의 차남으로 파리에서 태어났다. 어릴 적에 『백과전서』의 기고자, 편집자로 명성을 날리던 달랑베르에게서 교

그리스도교 사회주의의 바탕을 마련한 중심 인물 생 시몽

육을 받아 일찍부터 자유사상에 눈을 떴다.

열 여섯 살에 군에 입대하여 미국 독립전쟁에 참가하는 등 민권사상에 남다른 관심으로 젊은 시절을 보냈다. 그리고 성장하면서는 인도주의의 입장에서 빈곤에 허덕이는 사람을 구하고자 지배계급의 존재에 눈을 돌렸다. 그는 지배계급을 쓸모없고 해롭기만 한 존재로 받아들였다. 하지만 그의 공상적 사회주의 이론은 사회나 경제의 과학적 법칙을 십분 분석하지 않았기 때문에 말 그대로 '공상'에 멈추고 말았다. 하지만 그의 동기는 사회개혁을 추구하는 많은 사람들의 가슴에 뜨겁게 남아서 불씨가 되었다. 마르크스와 엥겔스*Engels*도 그의 사상에서 많은 영향을 받았다.

생 시몽이 공상적 사회주의를 착상한 것은 계몽사상의 정의, 이성, 자유의 여러 가치에서 연원한다. 그러나 그는 이러한 가치들을 실현하기 위해 혁명을 일으키는 것에는 반대했다. 당시 자본주의 발달이 불충분했기 때문이었다.

그 역시 고난의 생애를 살았던 지식인이었다. 프랑스 대혁명 때는 자진하여 백작의 칭호를 버리면서까지 열렬히 혁명에 참여했으나 공포정치 시대를 맞아서는 혁명정부에 의해 11개월 동안 룩셈부르크에 유폐당해야 했다. 정치적 박해에서 풀려난 그는 본격적으로 지적 활동에 들어가 학자들과 사적으로 교제하면서 물리학과 생리학을 연구했다. 빈곤 속에서도 오직 사상 형성에 노력하여 1814년에 출판한 『유럽 사회의 재조직에 대하여』에서 유럽적 규모의 의회 설립에 의한 평화안을 제시하기도 했다. 이어 1816년에는 『산업론』을 펴냈고 『산업체제론』 『산업자의 정치적 교리문답』 등을 잇달아 출간하여 이른바 '산업주의'를 전개했다.

생 시몽이 『산업체제론』과 『산업자의 정치적 교리문답』 등 일련의 저술활동으로 산업주의를 전개한 것은 토지 귀족이 지배하는 구체제에 대체하여 자본가와 노동자가 지배하는 사회를 추구한 것이었다. 그리고 인간에 의한 자연의 지배와 사회에 있어서 생산의 의식적 운영으로 교체되어 국가의 경찰적 기능은 소멸된다고 보았기 때문이었다.

그는 사회개량을 위해 전 재산을 바쳤으나 정작 자신은 실의와 빈곤을 견디지 못해 자살을 기도했다가 한쪽 눈이 실명되는 등 시련을 겪었다. 특히 만년에 이르러 그를 돌봐주던 하인마저 세상을 떠나자 더 이상 책을 출판할 수 없었다. 결국 그는 자기 저서를 복사하여 명사들에게 보내는 작업으로 생계를 해결했는데, 당시의 곤궁함을 그는 이렇게 적고 있다.

보름 동안 빵과 냉수로 살아왔다. 난로도 없는 추운 방에서 일하고 있다. 내 책을 복사하느라 옷까지도 팔아버렸다. 내가 이런 곤경에 빠진 것도 학문에 대한 열정과 공익을 위한 열성, 그리고 오늘날 사회를 휩쓸고 있는 무서운 위기를 극복하기 위한 방도를 찾아보려는 열망 때문이다.

그는 자신이 평생을 두고 풀고자 했던 과제는 사회재조직이었다고 말한 적이 있다. 이것은 단순히 프랑스 혁명으로 인한 변화만이 아니라 공업기술과 인간관계에 있어서의 과학의 역할에 변혁이 일어난 사실을 날카롭게 감지하고, 이로 인한 사회주의 사상을 전혀 새로운 방향으로 제시하고자 하는 그의 신념체계를 집약하는 말이었다.

그는 혁명의 무정부 상태로부터 세계를 어떻게 구제하느냐 하는 것을 가장 크고도 시급한 과제로 여겼다. 콩도르세 *Condorcet* 처럼 진보와

과학에 대한 굳은 신념을 갖고 있으면서 혁명과 과학의 진보와 함께 새로 등장한 사회세력이 공공이익을 위해 계획적인 편성과 관리를 필요로 하게 되는 것은 불가피한 일이라고 주장했다. 이와 같은 사회재조직에 경제가 핵심이 된다고 본 것은 그의 독창적인 발상으로써 생시몽을 근대 사회주의의 선구자로 보는 까닭도 여기에 있다.

그의 만년 10년간은 노동자들의 복지문제가 모든 관심의 핵심이 되었다. 여기에 대한 그의 사상은 죽기 직전에 간행된 저서 『새로운 그리스도교』에 잘 집약되어 있다. 여기서 말하는 '새로운 그리스도교'란 자본과 노동 사이에서 가난한 계층의 손실을 가능한 빨리 개선하는 관계를 만들어야 한다는 것이다. 새로운 그리스도교는 구교와 신교의 교리와 의식 형식으로부터 스스로 해방되어 인간이 서로 형제로서 취급되는 것을 주요 정신으로 하는 사회윤리가 되어야 한다는 주장이다.

새로운 그리스도교란 유럽과 아메리카의 서로 다른 이단적 종파들이 하나로 뭉치고 그들이 주축이 된 분파들로써 이룩될 것이다. … 새로운 그리스도교는 일찍이 원시 그리스도교가 그랬던 것처럼 도덕과 여론의 힘을 통해서 뒷받침되고 보호되고 요구될 것이다. … 여러분(교회와 군주, 왕-필자)들은 그리스도교의 이름 안에서 하나로 단결되고 권력가들에 부과된 의무를 수행하라. 그리고 모든 힘을 가능한 한 빨리 가난한 사람들의 사회복지의 향상을 위하여 바쳐라.

그는 1825년 이 책을 출판한 지 한 달 만에 사망했다. 그의 사상은 제자인 콩트Comte에 의해 실증주의 사회학으로 발전되는 한편 종교적 경향을 띤 '생 시몽주의'가 형성되었다. 그러나 개인적인 그의 삶은

실의와 좌절, 박해와 빈곤으로 점철된 전형적인 수난받는 지식인의 생
애였다.

지하 정치활동에 앞장선 바뵈프

프랑스혁명의 와중에 37세의 나이로 처형된 바뵈프*Babeuf*는 열렬
한 혁명주의자인데도 반혁명분자로 몰려 죽음을 당한 지식인이었다.

바뵈프는 1760년 프랑스 북동부의 생캉댕에서 공사판 인부로 일하
던 아버지와 남의 집 가정부 노릇을 했던 어머니 사이에서 태어났다.
그러나 아버지는 무척 유식한 분이어서 아들에게 거리에서 주워온 종
이조각과 숯으로 라틴어와 수학을 가르쳤다. 임종시에 부친은 그에게
플루타크코스*Plutarchos*의 『영웅전』을 주면서, 로마 공화정 말기에 호
민관으로서 개혁운동을 펴다가 끝내 죽고 만 그라쿠스*Gaius Gracchus*
형제와 같은 일을 못해 보고 죽는 게 한이라고 말하고 죽음을 무릅쓰
고 민권을 수호할 것을 당부했다고 전한다. 1780년의 일이었다.

프랑스혁명이 일
어났을 때, 그는 29
세의 청년이었다.
그는 바스티유를 점
령하는 시민군으로
참가하는 등 혁명에
앞장섰다. 그리고
혁명 후에는 문필가
및 관리로 혁명사업
에 가담했고, 이로

1879년 7월 14일은 바스티유 감옥 최후의 날이었다.

인해 많은 시련을 겪었다.

1792년 프랑스 북부의 솜 주 행정관이자 기록보관인이 되었고 이듬해에는 파리로 나가서 정부의 식량국에 취직했는데, 식량에 대한 수요를 이용하여 폭리를 얻고자 당국이 일부러 기근을 조작하고 있다는 사실을 찾아냈다. 그러나 엉뚱하게도 그는 독직의 혐의로 기소되었다. 조작된 죄명이었다.

그는 프랑스 최초의 사회주의

프랑스혁명의 방화자인 혁명주의자 바뵈프

신문 「호민관 *Le Tribun du Peuple*」을 발간하여 보통선거제를 폐지하고 유산자有産者에게만 선거권을 준 1794년의 새 헌법을 비난하고 나섰다. 정치적인 평등뿐만 아니라 경제적인 평등까지도 주장하면서 '굶주린 사람을 질식시키는 무서운 타협보다는 차라리 내란 자체를 택한다'고 선언했다. 결국 잡지는 정간당했고 그와 동료들은 투옥되었다.

얼마 후 그는 석방되어 본격적으로 정치단체 창설에 착수하여 집정내각의 정책에 반대하는 팡테옹회 *Panthéon*를 조직했다. 그리고 다음과 같은 내용의 '평등인 선언'을 발표했다.

앞으로는 토지 소유를 인정하지 말아야 한다. 토지는 누구의 소유도 아니다. … 우리는 다수인이 몇몇 소수인의 이익을 위해 피땀 흘려 고역하는 것을 이제 더 이상 참을 수 없음을 선언한다. 이제까지 백만 명도 안 되는 사람들이 2천만 명 이상 되는 동포들의 물건을 마음대로 처분해 왔지만 이제부터는 그러한 일은 없어야 한다.… 이런 광범한 계획을 구상 혹은 실시해보기는 이번이 처음이다. 간혹 이런 문제를 조심스레 입에 담아본 천재 혹은 철인들이 없지는 않았으나 용감하게 사실 전체를 말한 사람은 없었다. 프랑스 동포 여러분, 두 눈을 크게 뜨고 가슴을 활짝 열고 완전한 행복을 찾아라. 모두가 평등한 공화국을 인정하고 선포하자.

팡테옹회는 즉각적으로 정부의 탄압 대상이 되었다. 나폴레옹이 직접 이 협회를 해체시켰다. 그러나 바뵈프는 굴하지 않고 지하로 숨어들어가 비밀단체인 '6인 내부위원회'를 만들었다. 그리고 재산의 국유를 규정한 헌법안을 기초하고 새로운 사회기구에 대해 성안했다. 그리고 노래를 통해 자신들의 이념을 사회에 전파시켜 나갔다.

굶어죽고 얼어죽고 백성들은 모든 권리 다 빼앗겼네
일도 하지 않고 머리도 쓰지 않은 얼간이 부자들은 꿀통만 핥는데
일만 하는 우리 백성은 타조인가 쇳덩이만 먹고 산다
의회는 엉큼한 돌대가리, 집정관 다섯 명은 눈알만 뒹굴
군인들은 응석을 피우며 총애를 받는데 민주주의는 박해 투성이
아, 이것이 공화국이라네

1795년 바뵈프의 비밀조직은 궐기 직전에 한 회원의 배신으로 대부분 검거되었다. 1796년 5월 초순의 일로서 이른바 '바뵈프의 음모'라 불린 사건이었다. 바뵈프에게는 사형이 선고되었다. 최후진술에서 그는 재판의 핵심은 반정부 음모에 있는 것이 아니라 지배계급에 파괴적

인 사상을 전파시킨 것에 있다고 주장했다.

인간이 견딜 수 있는 이상으로 사회를 굽혀 놓으면 혁명은 반드시 터지게 마련이다. 인민은 압제에 반항한다. 그것은 옳은 일이다. 왜냐하면 사회의 목적은 최대 다수의 행복을 도모하는 데 있기 때문이다. 혁명은 끝나지 않았다. 만약 끝났다고 한다면 그것은 지배자들이 범죄를 저지른 것이나 다름없다. … 사람은 누구나 모든 이익을 누리는 데 있어 평등한 권리를 갖고 있으며 정부의 진정한 목적 또한 이 권리를 보호하고 공공이익을 증진시키는 데 있음을 우리는 잘 알고 있다. 노동 또한 모든 사람이 분담해야 한다. 우리 모두가 노동해야 한다는 것은 자연의 계율이며 이 의무를 회피하는 것은 범죄이다. … 개인이 토지를 독점하고 필요 이상으로 그 생산물을 차지한다는 것은 범죄 이외의 아무 것도 아니다. …

필화사건으로 내가 투옥되었을 때 내 아내와 어린 자식들은 심한 기근에 시달리고 있었다. 식량 배급이 2온스로 줄어들자 일곱 살짜리 딸은 굶

바뵈프가 주도한 비밀조직이 만든 토지대장

어죽었고 나머지 식구도 허기에 지쳐서 내가 그들을 봤을 때는 알아보지 못할 정도였다. 비단 우리만이 그런 것이 아니라 대부분의 파리 사람들이 굶주리고 있다. 이들을 위해 나는 보다 훌륭한 제도가 마련되기를 바랐다. 그렇다고 해서 폭력을 쓸 의사는 전혀 없었다. 나는 오직 민중이 자기능력의 무한성과 자기 권리의 불가침성을 깨닫고 또 확신하도록 하고 민중이 그러한 권리를 요구하게 되기를 바랐을 뿐이었다.

법정은 바뵈프에게 사형을 확정했다. 그는 아들이 몰래 전해준 식칼로 자살을 기도했으나 실패로 끝나고 1797년 단두대 위에서 처형되었다. 법정의 최후진술을 통해 그는 자식들에게 다음의 유언을 남겼다.

"나는 선善의 원천인 자유를 유산으로 남겨줄 생각만 했었는데 너희들 앞길에는 노예살이밖에 안 보이는구나. 결국 나는 너희들을 모든 악의 밥으로 남겨두고 가게 되었다. 나는 너희들에게 공민도덕, 폭정에 대한 극도의 증오심, 자유와 평등에 대한 열성, 민중에 대한 정열적인 사랑조차 남겨주고 싶지 않다. 그런 선물을 받았다가는 봉변밖에 당할 게 없을 것이기 때문이다."

그는 처형 직전에 친구에게 보낸 편지에서 자신의 주장을 사람들이 또 다시 생각할 날이 올 것이라는 점을 믿는다고 했다. 볼테르가 프랑스혁명의 사상적인 '불씨'라면 그는 그 '방화자'였던 것이다.

바뵈프가 처형당한 파리의 방돔광장(왼쪽)

프랑스 대혁명 시기의 지식인

계몽시대의 대표적인 저작물 『백과전서』를 펴낸 프랑스의 문필가 디드로*Denis Diderot*는 다음과 같이 말했다.

"우리는 악법이 개혁될 때까지 이를 공격할 것이다. 그러나 그때까지는 준수하자. 개인적인 권위에 의해 악법을 파괴하는 자는 모든 사람의 선한 법을 파괴하는 행위마저 정당화시키게 만든다. 나는 지혜 속에 혼자 있기보다 광인들과 함께 광인이 되는 편이 낫다."

굴드너의 지식인 진화과정

에릭 홉스덤*Eric bodsdawm*이 "지식인은 본질적으로 혁명가는 아니지만 혁명적 인간이란 오늘날 본질적으로 지식인이다"라고 한 말은 타당성이 있는 주장이다. 앞서 언급한 페인, 볼테르, 루소 등이 그렇고 여기서 살펴볼 인물들도 마찬가지이다. 훗날 진행된 러시아 혁명과 중국 혁명에서도 나타난다. 초기 소련공산당을 지도한 인텔리겐차들은 격심하고 고통스러운 생활에도 불구하고 문필활동 등으로 혁명사업을 진행시켰다. 또 초기 중국공산당을 이끌었던 지도자들은 대부분 지식인이었다. 진독수陳獨秀는 북경대학 교수였고 마오쩌뚱毛澤東은 창사에서 학생 신분으로 지식인 그룹을 조직하여 혁명의 모태로 삼았다. 예외가 없지는 않지만 대체로 1921~51년 동안 중국공산당 지도부를 구성한 사람들은 거의 고등교육을 받은 지식인 출신이었다.

미국의 사회학자 굴드너Gouldner는 저서 『지식인론 서설』에서 현대 지식인의 정치적 진화사의 전개과정을 다음과 같이 설명하고 있다. 다소 긴 내용이지만 지식인의 진화 과정을 살피기 위해 인용한다.

첫째로 일부 지식인은 세속생활을 함으로써 더 이상 '기구의 일원organic'이 아님에도 불구하고 교회기구에 의해 훈련을 받았다. 교회의 엄격한 감시 하에 있었던 까닭에 세속사회의 일상생활에서 격리되어 있었다. 그러나 이 과정에서 세속화는 이루어지고 있었다. 한편, 이 세속화는 권위를 비성화非聖化하는 동시에 라틴어에 대한 '반성적 언어'를 사용하는 사람들에 의한 일상어의 도전을 용이하게 했다. 그리고 독일의 철학자 하이데거Heidegger가 말하는 '수학적 도구'에 자기의 존재근거를 놓는 반성적 논의라는 현대문화의 하부구조를 형성한 까닭에 중요한 뜻을 지니고 있다.

둘째로 갖가지 지방어의 대두와 반비례하는 지식인의 언어, 즉 라틴어의 몰락은 일상생활과 지식인(목사든 재속 사제든) 간의 간격을 점차 좁혔다.

셋째로 사사화私事化되고 있었던 성직수여권의 봉건적이고 앙시앵 레짐ancien regime적 제도의 붕괴가 지난날 성직수여권을 지니고 있었던 지식인과 문화인의 사이를 연결시켜 주었다.

넷째로 지식인의 양산과 근무처를 보장하는 익명시장匿名市場의 성장에 상응하여 지식인이 독립적인 생계를 영위하는 것이 가능하게 되고 후원자의 엄격한 감시나 사적 지배로부터 도피할 수 있게 되었다. 그 결과, 지식인은 사적인 생활을 하면서 공공 영역에서 자기의 지도력을 보다 쉽게 발휘할 수 있게 되었다.

다섯째로 가장제家長制 가족제도의 전반적인 몰락과 그에 대신하는 핵가족의 출현, 부친의 권위 상실과 그에 반비례되는 모친의 영향력 증대로 자립을 지향하는 아이들의 노력을 억누르는 일이 어렵게 되었다. 다시 말해서 부친의 권위에 대한 아이들의 적대와 반역이 보다 노골화되었다. 이에 비례하여 어른의 사회적 가치나 정치적 선택을 아이들에게 강요하거나 그들 속에 재생시키려는 기성 세대의 노력은 더욱 큰 어려움을 겪게 되었다. 이러한 사실은 프로이트주의의 관찰 결과라기보다는 구조사회학의 관찰로 인정된다.

여섯째로 프랑스혁명 이후 유럽 지역에서, 특히 프랑스와 독일에서 상대적으로 다수파 계층의 확대(교회 지배를 받지 않으며 공교육제도의 근본적 변혁 발전)가 저학년 수준뿐만 아니라 대학 수준에서도 보인다. 그 결과, 공립학교의 고등교육이 인텔리겐차나 지식인을 대량생산하는 제도적 기반이 되는 동시에 초·중등 공립학교의 확대는 지식인에게 유리한 생활과 일자리를 급속히 증대시켰다.

일곱째로 오늘날 중산계층의 교육제도(공립)가 가족제도와 관계없이 존재하고 있다. 그것은 가족의 가치와 다른, 학생의 독자적 가치 전개를 위한 중요한 무대장치가 되어 있다. 지난날 가정이 담당하고 있었던 젊은이들의 사회화가 오늘날에는 반半자치적인 교사 집단에 의해 행해지고 있다. 그러나 공교육의 영향력 증대와 비례되고 있다.

여덟째로 공교육제도는 학생을 코스모폴리탄화 시키는 점에서 큰 영향력을 주고 있다. 동시에 토착적 관심이나 가치는 학생들로부터 사라지고 있다.

아홉째로 새로운 공교육제도는 학생들을 일상적 언어에서 반성적 언어로, 한정된 언어코드에서 세련된 언어코드로, 다시 말해 화자話者의 주장이나 단언이 당사자의 사회적 지위에 의해 정당화되는 일이 없는 비판적 논의문화로 철저하게 전환하게 만드는 배경이 되었다. 따라서 권위에 의존하는 모든 주장을 잠재적으로 의문시하고 위태롭게 하는 심각한 결과를 초래하고 있다. 또 학교에서 교육되는 반성적 언어 양식은 상황의 제약으로부터의 자유로움, 크게 말하면 정보혁명, 그 중에서도 인쇄술의 발달에 의해 더 한층 강화되었다.

열 번째로 공립학교 보급과 더불어 독서 인구가 증대됨에 따라 인문계 지식인은 그 독점성을 상실하여 직장이 위협을 받게 되었다. 그 결과, 인문계 지식인은 자기들이 이해하고 있는 고급문화와 사회적으로 낮은 곤경, 명성, 수입 및 사회적 힘 사이에서 신분의 분열을 느낀다. 특히 기술적 산업사회에서 인문계 지식인의 사회적 지위는 기술적 인텔리겐차의 지위보다 주변적이며 소외당한다.

열한 번째로 반성적 언어형식과 문맥으로부터 상대적으로 자유롭고 세련된 언어변이체, 그리고 소외받는 비판적 논의문화를 지닌 지식인이 변증법이라 불리는 논쟁적인 사회 상호작용의 구조에 의해서도 끊임없이 재생된다. 교육의 외면적 제도와 전혀 다른 사회구조가 갖가지 방법으로 토착문화에서 지식인을 더욱 멀리하는 반성적 논의라는 특수모법을 지닌 지식인을 생산하고 각인하고 있다.

열두 번째로 혁명적 잠재성을 지닌 현대 지식인의 출현에 의해 혁명 조직의 형태가 변용되고 있다. 혁명 그 자체가 도구적 합리성을 추구하는 하나의 기술이 되었다. 그러므로 혁명조직도 지난날의 의식주의적儀式主義的 선서에 구속받았던 비밀사회와는 달리 아무것도 숨길 것이 없는 현대적 집단으로 전개되었다.

한마디로 개방적 혁명집단이 출현했다는 이야기이다. 여기서 개방적이라는 의미는 아나키스트적 엘리트에 의한 독재라는 바쿠닌 *Bakunin*의 이론처럼 조직상의 엘리트만이 알고 있는 '비밀이론'의 조직적인 부정을 의미한다.

백과전서파의 대표적 문필가 디드로

디드로는 18세기 프랑스의 대표적인 계몽사상가의 한 사람으로『백과전서』의 편술을 통해 프랑스 대혁명의 사상적인 토양을 마련한 지식인이었다.

그는 파리 동남방의 랑그르에서 1713년에 상인의 아들로 태어났다. 부친은 목사가 되기를 희망하여 신학을 공부시켰고 다음에는 법률을 전공하도록 했다. 그러나 그는 그 어느 것도 마음에 들지 않았다. 그가 좋아하는 것은 철학과 수학, 물리학이었다. 그는 아버지의 뜻을 따르지 않고 자기 뜻대로 학문의 길에 정진했다. 때문에 아버지가 보내주던 학비와 생활비가 끊어져 가정교사와 번역 일을 했다.

디드로의 명성이 역사상 길이 남게 된 것은『백과전서』를 간행한 일 때문이다. 프랑스의 계몽사상을 집대성한 당시대의 최고의 걸작『백과전서』는 편집자인 그가 밝혔듯이 사람들의 마음속에서 혁명을 불러일으킬 화약고가 되었다.

당시 프랑스 지성계는 백과전서파가 형성되어 있었다. 백과전서파란 1751년부터 30년간『백과전서』를 집필하고 그 간행에 협력한 일군의 계몽사상들을 일컫는다. 중심 역할을 수행한 디드로와 수학자 달

ENCYCLOPÉDIE,

O U

DICTIONNAIRE RAISONNÉ

DES SCIENCES,

DES ARTS ET DES MÉTIERS,

PAR UNE SOCIÉTÉ DE GENS DE LETTRES.

Mis en ordre & publié par M. *DIDEROT*, de l'Académie Royale des Sciences & des Belles-Lettres de Pruſſe ; & quant à la PARTIE MATHÉMATIQUE, par M. *D'ALEMBERT*, de l'Académie Royale des Sciences de Paris, de celle de Pruſſe, & de la Société Royale de Londres.

Tantùm ſeries junĉturaque pollet,
Tantùm de medio ſumptis accedit honoris! HORAT.

TOME PREMIER.

A PARIS,

Chez { BRIASSON, *rue Saint Jacques, à la Science.*
DAVID l'aîné, *rue Saint Jacques, à la Plume d'or.*
LE BRETON, *Imprimeur ordinaire du Roy, rue de la Harpe.*
DURAND, *rue Saint Jacques, à Saint Landry, & au Griffon.*

M. DCC. LI.
AVEC APPROBATION ET PRIVILEGE DU ROY.

디드로가 기획하고 출판한 『백과전서』 1475~80년

백과전서 간행으로 사람들 마음속에 혁명을 일으킨 디드로

랑베르 외에 볼테르, 그림 Grimm, 케네 Quesnay, 튀르고 Turgot, 올바크 d Holbach, 루소 등이 참여했다.

『백과전서』를 기획하고 실천에 옮긴 시기는 혁명 전이었다. 따라서 이 책의 간행과 집필에 협력한 사람들은 하나같이 전체주의의 불합리에 대해 비판적인 태도를 취했고 인간의 이성에 대해 확고한 신념을 갖고 있었다. 그들은 이 책을 통해 이성에 입각한 합리적 사회질서의 실현을 가능케 하는 원리를 제공하려 했던 것이다.

디드로는 1746년 『백과전서』를 출판하기 전에 최초의 저작 『철학적 사색』을 출판했으나 발매금지처분을 받았다. 3년 뒤에는 『맹인서간』을 무기명으로 간행했는데, 이 때문에 파리 교외에 있는 뱅센 감옥에 갇히고 말았다. 책도 읽을 수 없고 글도 쓸 수 없다는 특별한 벌칙이 주어졌다. 그가 수감 생활을 하는 동안 루소가 매일 찾아와서 자기도 함께 감옥생활을 하겠다고 자청했다는 것은 당시의 유명한 일화였다.

3개월의 옥고를 마치고 석방된 디드로는 『백과전서』 간행에 전념하여 1751년 제1권을 출판했다. 그 후 24년에 걸쳐 전권을 출판하기까지 두 번에 걸친 판매금지와 간행금지의 탄압을 받았다. 그는 1775년 출간된 제5권의 권두언에서 자신의 신념을 다음과 같이 밝히고 있다.

이 책의 목적은 지상에 흩어져 있는 지식을 집대성하는 데 있다. 지식의
일반적인 체계를 동시대의 사람들에게 제시하고 미래의 사람에게 전달하
는 것을 목적으로 한다. 그리하여 지나간 시대의 업적이 앞으로 올 시대에
쓸모 없는 것이 되지 않도록 하고 싶다. 우리의 자손이 보다 많은 지식을
획득하고 동시에 보다 덕이 있고 행복하게 살도록, 그리고 우리 자신이 인
류에게 부끄럽지 않은 일을 한 다음에 죽고 싶다.

그러나 그의 뜻과 달리 『백과전서』는 출간되자마자 권력의 박해를
받았다. 1752년 보수적인 예수회와 황태자 가정교사인 보와이에의 고
소로 루이 15세는 판매금지령을 내렸다. 왕권을 파괴하고 반항 정신을

코로의 〈생로〉 1796~1875년. 디드로는 죽은 뒤에 이곳 성지에 묻혔다.

낳으며 난해한 말로써 오류와 퇴폐와 무신앙의 기초를 마련한다는 것이 그 이유였다. 박해는 권력에서만 가해진 것이 아니었다. 모로 Moreau 라는 한 식자는 「메르퀼 드 프랑스」지에다가 '유익한 주의서'라는 제목으로 백과전서 집필자들의 혀 속에는 독이 들어 있다고 공격했다.

　마침내 1759년 국왕의 고문회의는 이 책의 출판특허를 취소했고 함께 일하던 달랑베르마저 손을 떼자, 디드로는 혼자 비밀리에 모든 일을 할 수밖에 없었다. 그토록 친하던 루소와도 사소한 일로 적대관계에 놓이게 되었다. 하지만 『백과전서』 간행에 쏟는 그의 열성은 조금도 줄어들지 않았다. 더욱이 그는 틈틈이 철학과 문학과 연극에 관한 저술 작업을 계속하여 『자연 해석에 관한 사색』 『달랑베르의 꿈』 『라

디드로가 무기명으로 『맹인서간』을 간행했다가 갇혀 있던 뱅센의 아성

모의 조카』 등을 발표했다.

디드로 사상의 출발점은 회의사상이다. 신의 존재에 관해서는 이신 론理神論에서 차츰 무신론에 가까워졌다. 그는 『백과전서』의 편집자로 서 수많은 영역의 항목을 직접 집필했다. 연극과 미술비평, 소설, 수학, 물리학, 생물학, 생리학, 정치학, 경제학, 철학 등 그 영역은 대단히 광 범위했다. 이 책을 읽다 보면, 놀라운 수많은 예언적 가설을 발견하여 다시 한 번 그의 놀랄 만한 현대성을 발견할 수 있다.

이 책은 철학을 위시하여 인문과학과 사회과학, 자연과학 등 거의 모든 학문 영역에 영향을 끼쳤는데, 특히 칸트, 포이어바흐Feuerbach, 마르크스, 프로이트, 베르그송Bergson, 괴테, 발자크Balzac, 고골리 Gogol, 보들레르Baudelaire, 조이스Joyce, 사르트르 등에게 심대한 영향 을 주었다. 1789년 프랑스 대혁명에 사상적·이념적으로 영향을 끼친 것은 말할 나위도 없다.

혁명에 참여한 수학자 콩도르세

저명한 수학자이자 계몽사상가인 콩도르세는 누구보다도 인류의 미래를 낙관한 진보적인 지식인이었다. 그는 '진보를 위해' 혁명에 참 여했다가 비참한 죽음을 당한 혁명사상가이기도 했다.

그는 프랑스 대혁명이 전개되는 격동의 시대에 온 몸을 던져 구체제 의 타도에 참여했다. 입법의회, 국민공회 의원으로 국민교육제도의 확 립에 힘을 기울였고 1793년에는 지롱드Girondin 헌법 초안의 기초자가 되었다. 그러나 의회는 이 헌법안을 부결시켰고, 그는 고발당해 숨어 지내면서 『인간정신의 진보에 관한 역사적 개관』이라는 명저를 집필 했다. 이 책에서 그는 다음과 같이 주장했다.

『인간정신의 진보에 관한 역사적 개관』에서 인류의 미래를 낙관한 콩도르세의 친필 서한

이성 외에는 그 어떠한 주인도 인정하지 않는 자유인의 세계에서만 태양이 빛나는 시대가 올 것이다. 그 때가 되면 폭군과 노예, 성직자들과 그들의 우둔하고 위선적인 도구에 지나지 않는 종교 신도들은 역사 속이나 무대 위에서만 찾을 수 있다.

콩도르세는 1743년 프랑스 북부인 피카르디 리브몽의 귀족가문에서 태어났다. 그러나 그가 태어난 지 얼마 안 되어 기병대위인 부친이 전사하여 홀어머니 밑에서 외롭게 자랐다.

그는 랭스Reims의 예수회 신학교와 파리의 콜레주 드 나바르에서 교육을 받았다. 수학에 남달리 취미를 보였고, 열 다섯 살 때 이미 해석에 관한 논문을 발표하여 당시 계몽사상가로 널리 알려진 달랑베르로부터 인정을 받았다. 그 뒤 수학 연구에 전념하여 수학자로서의 명성은 갈수록 높아졌다. 26세에 프랑스 학술원 회원이 되었고, 39세에는 프랑스 아카데미 회원으로 프랑스는 물론 전 유럽에서도 손꼽히는 수학자의 명성을 얻었다.

그러나 그가 저명한 수학자로서 자족하기에는 당시의 사회체제가

너무나 모순투성이였다. 루이 왕조의 절대 권력이 마지막 발악으로 압제를 자행하고 있었기 때문이었다. 그는 달랑베르의 주선으로 살롱에서 당대의 저명한 문인과 정치인, 사상가들과 만났고 이들을 통해 현실 사회문제나 정치문제에 관심을 갖기 시작했다. 혁명이 가까워지자 시사문제를 취급하는 글을 많이 썼다.

1789년 대혁명이 시작되자 파리시 자치위원회의 일원으로 직접 혁명에 참가했고, 1791년에는 입법회의의 파리 대표로 선출되어 크게 활약했다. 교육제도의 개혁에 종사하여 1792년 혁명이념에 입각한 국민교육의 전면 개혁 등 국가교육체계의 틀을 제시하여 주목을 받았다. 1792년 국왕의 특권 정지와 국민공회 소집을 정당화하는 선언문을 작성했고, 이어 소집된 국민공회에서 헌법위원으로 활동했다.

혁명 기간 동안 비교적 온건한 정치집단인 지롱드 당을 대표한 그의 새로운 헌법 초안은 로베스피에르가 이끄는 보다 급진적인 정치집단인 자코뱅 당에 의해 거부되었다. 이어 과격파와 온건파는 루이 16세의 처형을 둘러싸고 격렬하게 대립했다.

콩도르세는 루이 16세를 의회에서 재판할 사법권이 없음을 지적하고 의회의 국왕 재판을 저지하고자 했

미국 듀크대학에 세워진 콩도르세 동상

다. 그러나 실패하자 사형폐지론자의 입장에 서서 사형을 반대했지만 이 역시 관철되지 못했다. 그 후, 과격파는 더욱 과격한 행동으로 나서 온건파를 의회에서 축출하고 과격파 중심의 헌법안을 작성하여 공표했다. 이 때 온건파의 지도자들은 대부분 투옥되었으나 콩도르세만은

콩도르세가 처형당한 콩코르드 광장. 멀리 개선문이 보인다.

학자로서의 명성 때문에 체포를 모면할 수 있었다.

그러나 그는 학자적 양심에서 과격파의 헌법 공표를 좌시할 수 없었다. 마침내 이를 비판하는 글을 발표하고 그들의 소행을 격렬하게 비난했다. 그의 비판은 피에 굶주려 기회를 노리던 과격파들에게 빌미를 제공해 주는 결과가 되었다.

체포령이 발부되고, 콩도르세는 친구의 주선으로 파리 남부 륙상브르의 베르네 부인의 집으로 피신했다. 바야흐로 과격파 중심의 공포정치가 극을 향해 치닫기 시작했다. 많은 온건파 지도자들이 형장의 이슬로 사라졌고 콩도르세에게도 시시각각 생명의 위험이 다가왔다.

그는 콩코르드 광장 가까이 있는 은신처에서 매일 친구들이 단두대에 올라가는 모습을 목격했고 언젠가 자기도 같은 운명을 맞을지 모르는 위험 속에서 『인간정신의 진보에 관한 역사적 개관』을 쓰기 시작했다. 이탈리아의 철학자 크로체Croce가 '18세기의 유언遺言'이라고까지 평한 이 책의 논리는 인간에게 이성의 힘이 있다는 것이었다. 즉, 하느님이 이 세상을 창조했는지는 모르지만 그 다음에 인간사회를 만든 것은 인간이므로 좋든 나쁘든 그 책임은 인간에게 있다고 본 그는 인간이 제 손으로 만든 이상 사회를 좋게 개량하지 못할 까닭이 없고 또 인간에게는 이성의 힘으로 보다 훌륭한 사회를 만들고 스스로 행복해질 권리와 의무가 있다고 했다.

이 저작의 근본이념은 인간이 궁극적인 완성을 향해 끊임없이 진보한다는 것이다. 그는 인간이 신체조직을 제외하고는 다른 동물보다 나은 점이 없던 가장 낮은 야만 상태에서 출발하여 계몽과 덕, 행복 등의 길로 끊임없이 전진하는 것으로 묘사했다. 그 과정을 모두 10개의 단계로 나누었는데, 미래 시대인 열 번째 단계가 그의 가장 독창적인 부분이다. 그는 과거를 지배한 일반법칙을 바탕으로 미래를 추론할 수 있다고 주장한 뒤, 과거의 역사 전체가 보여준 다음과 같은 세 가지 경향이 미래의 성격을 규정할 것이라고 논했다. 첫째, 국가간의 불평등의 분쇄, 둘째 계급간의 불평등의 타파, 셋째 개인의 향상과 인간성 자체의 무한한 지적·도덕적·신체적 완성 가능성이다.

그가 국가와 개인이 부단히 다가가고 있다고 주장한 평등이란 절대적 평등이 아니라 자유와 권리의 평등이었다. 모든 것은 자유를 추구하는 경향이 있으므로 만일 국가와 인간이 동등하게 자유롭고 평등을 지향한다면 국가와 인간은 평등하다고 주장했다. 그는 무한한 완성 가능성을 주장하면서도 인간성의 자질과 환경의 성격이 진보를 제약한다는 점을 어디서도 부정하지 않았다. 그는 이러한 조건들이 무한한 진보와 양립할 수 있으며, 인간 정신은 지식이나 미덕 또는 인간 생명의 연장을 이루어나가는 데 있어 어떤 한계도 설정할 수 없다고 확신했다. 그래서 그는 국민교육에 중요성을 부여했으며 공공교육의 확실한 진보를 기대했던 것이다.

콩도르세는 1794년 자신에게 은신처를 제공하고 있던 베르네 부인의 신변이 위태롭다고 여겨 그녀의 만류를 뿌리치고 은신처를 뛰쳐나왔다. 3일 동안 덤불과 돌산에서 몸을 숨겼다가 마을에 들어갔는데, 이내 정체가 드러나 부르그라렌으로 압송되어 감옥에 갇혔다. 그리고 다음 날 하수구에서 시체로 발견되었다. 과격분자들에 의해 참살당한 것이다. 시체의 호주머니에는 로마의 아우구스투스 황제 시대에 활동한 시인 호라티우스*Horatius*의 시집 한 권이 들어 있었다.

콩도르세는 죽을 때까지 인간 이성의 진보를 믿으며 혁명의 장래를 낙관했으나 반대파에 잡혀 참살당한 행동하는 지식인이었다. 그의 진보사상은 2백 년이 지난 오늘에 와서 새삼 빛을 발휘하고 있다.

나폴레옹에 저항한 여성 스탈

나폴레옹은 전 유럽을 석권했다. 그의 군대는 멀리 모스크바까지 원정했으며 유럽의 모든 지식인들이 그의 권력 앞에 굴종했다. 베토벤은 나폴레옹이 나폴리에 진격하는 모습에서 영웅교향곡의 악상樂想을 얻었으며, 스탕달Stendhal은 나폴레옹 군대가 밀라노에 입성했을 때의 시민들의 감격에 대해 '묵은 사상은 완전히 몰락하고, 목숨을 과감히 바치는 것이 유행하기 시작했다'고 찬양했다.

나폴레옹 군대가 유럽을 지배하는 10년 동안 나폴레옹이 마련한 레지옹 도뇌르 훈장을 거부한 카르노Carnot가 유일한 무인이었다면, 스탈Germaine de Staël 부인은 나폴레옹의 권력과 권위를 무시한 유일의 지식인이었고 여성이었다.

그녀는 여성의 몸으로 나폴레옹의 철권통치에 과감히 저항하며 프랑스인의 자유와 정의를 위해 싸웠다. 부친 네케르Jacques Necker는 제네바 출신 은행가로서 프랑스혁명이 일어나기 직전에 프랑스 재무장관이 되었다. 당시 그 이름은 자유주의 프랑스의

나폴레옹의 권위를 무시한 유일한 여성 지식인 스탈

상징이었다. 혁명의 발판과 더불어 국민의 기대는 네케르에게 집중되어 있었다. 파산 상태의 재정을 일으키고 구제도의 폐단을 고치는 데는 그가 가장 적격자였기 때문이었다. 그러나 네케르는 1781년 반대세력의 음모로 물러났다가 1788년에 다시 재무장관에 임명되었다.

1793년 혁명의 소용돌이 속에서 자코뱅 당의 공포정치가 시작되자 스탈 부인은 부모가 살고 있는 스위스 제네바 근처의 코페로 피신했다가 영국으로 망명했고, 1794년 로베스피에르가 쓰러지고 공포정치가 끝나자 귀국했다. 그러나 나폴레옹의 쿠데타로 공화정은 다시 무너지고 새로운 전제군주제가 성립되었다.

그녀는 공공연하게 나폴레옹 군대가 멸망하지 않는 한 학정은 계속되리라고 비판하고 나섰다. 특히 1800년에 출판한 『사회제도와의 관계 속에서 고찰해 본 문학론』에서는 나폴레옹의 침략성을 강도 높게 비판했다. 결국 나폴레옹은 그녀를 프랑스에서 추방하고 10년간 귀환을 금지시켰다. 권력에 도취되어 황제가 되고 더 나아가서는 신神의 자리에라도 오르고 싶었던 나폴레옹은 자신을 '자유의 적'이라고 공공연히 비판하는 그녀를 용납하지 않았다. 나폴레옹은 해외 추방과 더불어 사람들이 그녀의 집에 출입하는 것도 금지시켰다.

그러나 그녀는 그렇게 만만한 여성이 아니었다. 파리에서 추방된 그녀는 이미 괴테와 실러Schiller의 성지로 유명해진 독일의 바이마르에 머물면서 실러와는 독일과 프랑스 문학의 관계에 대해 토론하고, 괴테와는 문학과 신학 문제를 폭넓게 나누어 괴테를 놀라게 하는 등 해외에서 활동을 계속했다. 또 독일 전역을 여행하면서 베를린에서 슐레겔 Schiegel을 만나기도 했다.

몇 년 후 스탈 부인은 『독일론』을 출판하기 위해 죽음을 무릅쓰고

앵그르의 〈나폴레옹 보나파르트의 초상화〉 1804년

비밀리에 파리에 돌아왔다. 독일의 풍습과 문학, 예술, 철학, 윤리, 종교를 다룬 이 연구서는 검열관에 의해 많은 부분을 삭제당한 채 출판되었다. 그러나 책이 폭발적인 인기를 얻자 사회의 물의를 일으킬까 두려워한 당국은 책을 모두 압수하여 폐기하고 그녀에게 24시간 내에 프랑스를 떠날 것을 명령했다. 당시 경찰이 그녀를 추방하면서 적시한 『독일론』의 '범죄성'은 다음과 같았다.

프랑스인이 전제군주 아래서 항복할 때 당신은 자유주의자였고, 나폴레옹이 전 국민을 하나의 방향으로 몰아 프랑스 국위가 세계를 휩쓸 때 당신은 천재의 자유를 부르짖으면서 프랑스의 정신생활이 퇴폐하고 문학이 타락했다고 했다. 야만인 집단인 독일을 프랑스보다 우수한 문학을 가진 나라로 인정했고, 위선 투성이로 신의가 없는 영국을 자유롭고 건전한 나라라고 했으며, 예전에 프랑스 속국으로서 시들어가는 이탈리아를 자연스러운 풍속을 지닌 모범국가로 삼았다. 그야말로 당신은 비非국민이다. 때문에 국적을 박탈한다. 당신의 저서는 불태워지고 당신 자신도 24시간 안에 야수처럼 프랑스에서 사라져야 한다.

그녀는 나폴레옹의 영향력이 미치지 않는 유럽의 이곳저곳을 유랑했다. 스위스, 오스트리아, 러시아, 핀란드, 스웨덴을 두루 거쳐 영국으로 건너갔으나 그곳에서도 반나폴레옹적이라는 이유로 비난받았다. 물론 그 와중에도 나폴레옹의 회유를 여러 차례 받았다. 확신과 의견을 바꾸면 조국으로 돌아올 수 있게 해주겠다는 조건이었다. 그러나 그녀는 신념을 팔아서 자유를 사는 것을 원치 않았다.
나폴레옹은 프랑스 은행에 예치된 아버지의 재산을 돌려 주겠다고

까지 했지만 그녀는 움직이지 않았다. 그녀는 "예금을 찾는데 출생증명서가 필요한 것은 알고 있지만 변신 증명서가 필요하다는 것은 미처 알지 못했다"고 했다.

불문학자 민희식 교수는 그녀를 다음과 같이 평하고 있다.

나폴레옹이 전쟁을 통해서 유럽을 지배하고 황제가 되어 역사의 우상이 되려고 애쓰는 동안, 스탈 부인은 유럽 국가 상호간의 평화와 우호관계에 대한 이론을 전개했다. 나폴레옹이 전체주의의 색채 아래서 개인의 천재성을 발하기를 주장하고, 프랑스가 나폴레옹을 통해서 자기의 영광 속에 도취되어 있을 때 프랑스의 우수성을 부인하고 유럽의 세계주의 문학을 부르짖고 자유와 평등을 위해 자기의 신념을

스탈 부인이 나폴레옹으로부터 추방당한 뒤 살았던 제네바 근처의 고폐성 내부(맨위)와 서재(가운데), 침실(맨아래)

굽히지 않고 싸움으로써 평생 박해를 받으면서도 누구보다도 나폴레옹이 두려워한 하나의 여인상을 우리는 보게 된다.

스탈 부인이 무조건적으로 나폴레옹을 반대하고 비판한 것은 아니었다. 그녀는 나폴레옹군이 연합군에게 공격당하자 나폴레옹의 운명이 곧 프랑스의 운명이라고 생각하고 그의 승리를 위해서 기도를 드렸다고 한다. 그만큼 그녀는 조국을 생각했고 자유를 소중히 여겼기 때문에 나폴레옹의 독재와 침략주의에 저항했던 것이다.

나폴레옹과 악연 맺은 수학자 몽주

나폴레옹이 황제로 등극한 날은 1804년 12월 2일이었다. 그날 몽주가 교장으로 있는 에콜 폴리테크니크 학생들은 동맹휴학으로 나폴레옹에게 저항했다. 마침내 천하를 지배하게 되는 줄 알았던 나폴레옹은 화가 잔뜩 나서 몽주를 불러 크게 질책했다. 이에 몽주는 다음과 같이 답했다.

"황제 폐하, 이 때까지 학생들을 공화주의자로 돌려놓는 데 많은 시간이 걸렸습니다. 그들을 다시 제국주의자로 되돌려놓는 데도 다소 시간이 걸릴 수밖에 없습니다. 그런데 폐하의 전

1953년 발행된 몽주 기념우표

향은 어찌 그리도 빠르신 것입니까."

몽주*Gaspard Monge*는 1746년 프랑스 중동부 브르고뉴 지방의 본에서 태어난 기하학자이자 수학자로서 일생을 혁명에 바친 지식인이었다. 본에 있는 중학교와 리옹에 있는 중학교에서 교육을 받은 그는 이미 열 네 살 때 소방펌프를 만들었고, 열 여섯 살 때에는 리옹과 본에서 물리 교사로 있었다. 이 때 고향 본의 지도를 제작했고, 메지에르 귀족사관학교 시절에는 축성의 계산 문제의 새로운 방법을 고안해 냈다. 스물 두 살 때는 화법기하학畫法幾何學을 완성하는 등 천재성을 유감없이 발휘했다.

그의 부친은 칼을 갈아주는 직업에 종사하고 있었다. 때문에 귀족이나 상류계급의 자제들이 입학하는 귀족사관학교에 들어갈 수 있었던 것은 그의 뛰어난 능력에 놀란 어느 공병 장교의 도움이 컸다. 그는 요새포좌要塞砲座의 적절한 위치 계산을 기하학적 방법으로 놀랄 만큼 빨리 해냄으로써 그 능력을 인정받아 열 아홉 살에 사관학교의 조교수로 채용되어 물리와 수학을 가르쳤다. 34세에 파리 과학아카데미의 준회원이 되었고 이어 파리로 옮겨 루브르의 수력학연구소장, 해군사관학교 시험관으로 일했다. 이 무렵 그는 수학뿐만 아니라 화학과 물리학에 관한 많은 논문을 썼다.

프랑스혁명이 일어나자 그는 분연히 떨치고 일어섰다. 그리고 자코뱅 당에 가입했다. 루이 16세가 처형되고 영국과 네덜란드간의 전쟁이 시작되자 그는 혁명을 지키기 위해 군수공장의 책임자로 활동했다. 방에 불을 때지 못해 감기에 시달리는 궁핍한 생활 속에서도 하루도 빠지지 않고 생산 작업을 독려했다. 과학자들을 동원하여 뛰어난 정련법을 발명하고 화약을 쉽게 만드는 방법 등을 고안해서 군수문제를 해결했다. 그러나 특별한 이유 없이 과격파에 의해 고발되어 1794년 법정에 섰는데, 다행히 정치상황의 변화로 과격파가 숙청됨으로써 석방될수 있었다.

석방된 몽주는 혁명정부가 과학기술자 양성을 목적으로 1794년에 설립한 에콜 폴리테크니크의 교수로 초빙되어 화법기하학, 해석기하학, 미분기하학 등을 가르쳤다.

그는 유능한 미술품 감식가이기도 했다. 이런 관계로 나폴레옹에 의해 이탈리아에 파견되어 전리품으로 탈취한 미술품을 감정하여 프랑스로 운송하는 책임을 맡게 되었다. 엄청난 양의 전리품을 보고 그는 나폴레옹에게 "피정복민을 뼛속까지 쥐어짜는 일은 그 국민을 통치하는 데도 문제가 있다"면서 전리품 감식과 운송에 대해 재고를 요청했지만 받아들여지지 않았다.

황제가 된 나폴레옹은 대학을 비롯한 모든 공교육 기관을 국가의 통

작가 미상의 〈나폴레옹과 대장장이〉 연도 미상

제 하에 두려고 했다. 에콜 폴리테크니크도 예외가 아니었다. 아니, 나폴레옹의 대관식 날 휴학으로 저항한 에콜 폴리테크니크는 탄압의 첫 번째 대상이 되었다. 나폴레옹은 1805년 이 학교를 군사 기술자 양성 기관으로 바꾸려고 기도했다. 몽주가 완강히 거부하고 나서자 나폴레옹은 기숙사비 지급제도를 폐지하는 등 보복을 가했다. 하지만 몽주는 기숙사비를 내지 못한 학생들에게 자신의 봉급으로 대신 내줌으로써 나폴레옹과 맞섰다.

마침내 절대권력자에게도 몰락의 날이 왔다. 나폴레옹이 러시아에서 패배한 것을 계기로 연합군이 프랑스로 물밀듯이 쳐들어 왔다. 이 때까지 나폴레옹으로부터 박해를 받아온 몽주는 조국의 참담한 패배를 좌시할 수 없어 67세의 노구를 이끌고 방위군을 조직하여 저항을 시도했다. 그러나 파리는 함락되고 브루봉 왕가가 부활하자, 그는 나폴레옹 지지자라는 이유로 모든 명예와 권리를 박탈당한 채 학원에서 추방되었다. 이 때의 충격으로 몽주는 치매 상태가 되어 파리의 빈민굴을 방황하다가 72세를 일기로 사망했다. 프랑스 왕실은 학생들이 장례식에 참석하는 것을 금했다. 한 지식인의 죽음마저 두려워한 왕정의 횡포였던 것이다.

나치에 저항한 독일 지식인

히틀러의 제3제국 수립

나치*NAZIS*는 국가사회주의 독일노동자당을 통칭한다. 나치즘은 19세기 말엽, 유럽에 일반화된 반유대주의, 백색인종 지상주의, 국가주의, 제국주의 및 반사회주의와 반민주주의를 기초로 발생하여 히틀러의 집권과 함께 독일 제3제국의 지배이데올로기가 되었다. 그 중심이론은 독일 민족지상주의와 인종론이었다.

나치즘에는 게르만 민족의 우수성과 유대 민족의 열등성이 대비되어 있다. 게르만 민족은 가장 우수한 종족이기 때문에 다른 민족을 지배할 사명을 띠고 있으며, 반대로 유대 종족은 가장 열등하고 해악적인 인종으로 환경을 아무리 개선하고 교육을 실시해도 천성적인 열등성과 해악성은 개선되지 않는다고 보았다. 유대 종족은 항상 주위 환경을 부패시키거나 해악을 만연시키려 하기 때문에 우수한 민족은 그들의 열악성에 감염되지 않기 위해 그들을 격리시키거나 절멸시켜야 한다는 주장이었다.

이러한 이념적·정치적 배경에서 히틀러는 1933년 오랜 음모 끝에

나치즘에는 게르만 민족의 우수성과 유대 민족의 열등성이 대비되어 있다.

독일 총리에 지명되었다. 권력을 장악한 그는 의회 방화사건을 일으켜 의회를 해산하고 반대당을 탄압하면서 총선거를 통해 만든 전권수임법으로 강력한 1인 독재체제를 구축했다. 복수정당제를 폐지하여 일당독재를 확립하고 히틀러 유겐트*Hitler Jugend*, 나치 부인단 등 전 국민을 대중조직으로 묶으면서 여기에 반항하는 사람들은 가차 없이 강제수용소에 감금하거나 처형했다.

게르만 민족지상주의를 제창하면서 유대인의 공민권, 나중에는 영업권마저 박탈하고 이들을 강제수용소에 수감했다가 집단학살하는 만행을 저질렀다. 나치독일에는 3백 개가 넘는 강제수용소와 그 지소가 있었는데, 확인된 숫자만도 3만 3천5백 명 이상의 외국인이 정치범으로 처형되었으며 6백만 명의 유대인과 수십만 명의 집시, 독일 각지의 병원에서 이송되어 온 10만 명 이상의 환자, 3백30만 명의 소련인 포로, 유럽 피점령지역의 주민 수백만 명이 살해되었다. 1939년 폴란

히틀러의 집권과 함께 무려 2천여 명의 학자와 언론인, 문화예술인들이 독일을 떠났다.

드 침공부터 시작되는 제2차 세계대전 기간에는 1944년 11월까지 모두 9천4백13명의 장교와 병사가 처형되었다. 민간인의 경우 적어도 40만 명의 독일인이 나치정권 12년 동안 '합법적'으로 살해되었다. 같은 기간에 재판에 회부된 숫자만 해도 22만 5천 명에 달했다.

자유로운 예술과 학문, 언론이 소멸되고 사회 전체가 병영국가, 감옥과 학살장으로 전락했다. '대독일' 건설의 명분으로 오스트리아를 병합한 데 이어 체코의 주데텐란트 지방, 나중에는 체코 영토 전부를 병합했다. 이어 폴란드를 침입하는 등 게르만 민족에 의한 동유럽 정복을 꾀하여 광적인 학살극을 자행하면서 마침내 제2차 세계대전으로 인류를 전화戰禍에 몰아넣었다.

히틀러는 나치체제의 버팀목으로 친위대SS를 조직했고 비밀경찰을 강화하여 각계각층의 모든 국민을 감시하도록 거미줄처럼 엮었다. 뿌리 깊은 증오의 대상이 된 유대인뿐만 아니라 공산주의자, 사회주의자들까지 닥치는 대로 강제수용소에 수감하여 혹독한 고문과 살육을 저질렀다. 교회와 군대, 학교, 노동조합을 나치조직으로 획일화시키고 일반 국민도 히틀러 신봉자로 만들었다.

마침내 그의 광적인 독재와 이웃 나라 침략을 비판해 온 학생들과 지식인, 종교인들의 조직적인 저항운동이 전개되었고 히틀러 제거운동이 전개되었다. 그러나 대부분은 실패로 끝나고 말았다. 여기에 관련된 수많은 학생 지도자들과 기독교인들이 강제수용소에 수용되었다가 처형당했다. 또 해외로 탈출하거나 망명하는 저항 지식인들도 많았다. 제임스 윌킨스는 『지식인과 저항』이란 저서에서 다음과 같이 적고 있다.

레지스탕스 정신은 반항적 기질과 이상주의의 혼합물이었다. 제2차 세계대전 중에 반파시스트 지하운동에 가담한 남녀들은 모멸적 권위에 대항하여 자존을 지키고, 공포와 폭력에 항거하여 양심의 권리를 주장하기 위해서 싸웠다. 특히 유럽 지식인들에게 레지스탕스는 정치에 도덕적 차원을 부여해 주는 체험이었으며 많은 사람들이 승산 없는 전투를 위해 자기 자신의 안전과 이익을 희생하도록 유도했다. 그들의 이상으로부터 공동의 노력이 우러나왔으며 '경쟁심, 치졸함, 모략 따위는 찾아볼 수 없는 따뜻하고 우애 있게 단결된 협동체'가 형성될 수 있었다.

망명길에 오른 지식인들

히틀러의 파시스트 독재가 심화되면서 많은 지식인이 국외로 탈출하거나 망명길에 올랐다. "우리들은 다시 돌아올 것이다. 그러나 그때는 모든 것이 변하고 말 것이다" 라는 칼 츠마이어의 말대로 국외로 망명한 지식인들은 국외 반나치운동의 중심이 되었고 국제적인 연대를 형성했다. 나치 선전상 괴벨스가 '그들을 지구 끝까지 쫓아가 근절시키고야 말 것'이라고 호언장담했음에도 불구하고 망명가들은 비밀경찰 게슈타포의 마수를 피해가면서 나치가 패망할 때까지 개인적으로 또는 국제적으로 연대하여 히틀러와 싸웠다.

1933년 히틀러의 집권과 함께 국외로 망명한 지식인들의 숫자를 보면, 학자와 언론인이 1천3백여 명, 문학과 예술인이 8백여 명이었다. 무려 2천여 명의 지식인들이 연구실과 교회를 뒤로 하고 국외로 빠져나간 것이다. 프라하, 취리히, 암스테르담, 스톡홀름, 파리, 런던, 뉴욕, 멕시코, 모스크바 등 세계 각처가 망명지로 선택되었다.

이들은 정치적 성향에 따라 네 그룹으로 나눌 수 있다. 첫 번째 그룹은 자유주의자들로서 프랑스, 영국, 스위스, 미국, 남미에 망명했다가 전후 서독으로 귀환한 인물들이다. 두 번째 그룹은 사회주의 계열로서 모스크바에 망명하여 전후에는 동독으로 귀환했다. 세 번째 그룹은 유대계 출신으로 전후 이스라엘에 정주했고, 네 번째 그룹은 국내에 잔류하면서 레지스탕스 운동에 참가한 '국내 망명그룹'이었다.

양심과 지성에 충실하고자 망명길에 나선 이들은 가난과 질병, 굴욕과 소외감을 감수하면서 반나치 투쟁에 온몸을 던졌다. 그러나 가장 참혹한 경우는 '국내 망명자'들이었다. 이들에게는 비밀경찰의 감시와 이웃 주민의 밀고, 강제수용소 수용, 집필 금지 등 극한상황이 계속되었다. 체포되면 기다리는 것은 죽음뿐이었다. 하지만 그들은 저항운동을 계속했다.

스위스로 망명한 서정시인 슈테판 게오르게 *Stefan George*는 임종에 앞서 '나치 독일에는 나의 시신을 매장하지 말라'는 유언을 남겼다.

수많은 지식인들의 망명으로 나치 독일의 학문세계는 황무지 상태가 되고 말았다.

근대 독일시의 성좌라 불리는 그의 임종 소식에 괴벨스가 국장國葬을 제의했지만 측근들은 끝내 거절했다. 망명가들의 의지를 보여주는 좋은 사례이다.

이들 지식인들의 망명으로 나치 독일의 학문 세계는 황폐화되었다. 당대의 독일 문학을 대표하는 열 다섯 명의 시인과 작가 중 열 한 명이 국외로 망명을 떠났고, 남아 있던 네 명 가운데 한 명마저 강제수용소에 수감됨으로써 독일 문학계는 철저하게 황폐화되었다. 정치학계의 경우, 중진 학자 18명이 망명하여 나치독일의 정치학계는 종전을 맞을 때까지 황무지 상태였다.

대표적인 국외 망명가의 면모를 보면, 비밀경찰에 체포되어 시민권을 박탈당했다가 탈출하여 영국을 거쳐 미국으로 망명한 정치학자 노이만*Neumann*, 브라질로 망명한 뒤 유럽의 전도를 비관하여 젊은 아내와 동반자살한 오스트리아 태생으로 빈 상징파의 거장 슈테판 츠바이크Stefan Zweig, 아내가 유대인이었기 때문에 교수직에서 추방되어 망명한 철학자 칼 야스퍼스Karl Jaspers, 그리고 오스트리아 출신의 정신분석 창시자 프로이트Freud, 훗셀, 셸러, 물리학자 아인슈타인Einstein, 마르크스주의 철학자 블로흐Bloch, 역사철학자 레비트Lüwith, 작가 토마스 만Thomas Mann, 헤르만 헤세Hermann Hesse, 포이, 히방거, 윙거Jünger, 렌Renn, 아렌트Arendt 등 그 이름을 일일이 거론하기조차 힘들다. 지식인만이 아니었다. 히틀러의 암살 사건으로 가족과 함께 체포되어 악명 높은 다하우 수용소에 수감된 반나치 활동의 중심인물 육군대장 뮐터와 같은 무관도 독일을 떠났다.

그러나 이들과 달리 저명한 철학자로서 나치에 협력한 하이데거Heidegger와 같은 기회주의적인 지식인들도 적지 않았다. 처음부터 끝까지 나치 당원이었던 하이데거는 프라이부르크대학 총장으로 재직하면서 나치 계획을 실현시키고자 학생들을 동원했다. 하이데거는 대학생들을 이끌고 투표장에 나가 '독일 민족이 하나가 되고 자신의 미래를 선택하기 위해 총통에게 투표하자'고 역설했다. 그는 히틀러의 학살 정책에 대해 비판은커녕 언급조차 하지 않고 오히려 지원한 철저한 어용지식인이었다.

하이데거는 당 정책에 대한 이견과 바덴주 문부성과의 불화로 취임 1년만에 총장직에서 스스로 물러났

최초의 나치 집단수용소인 다하우 수용소 전경

다. 하지만 수많은 지식인이 망명하고 반나치 전선에서 싸울 때 소극적이나마 히틀러를 지지하고 침묵함으로써 지식인의 역할을 외면한 장본인이었다. 전후 독일에서는 이 문제와 관련하여 한때 논란의 대상이 되기도 했다.

물샐 틈 없는 정보정치와 폭압통치에도 불구하고 국내에서의 반나치 저항운동은 끊이지 않았다. 1933~35년의 3년 동안 확인된 것만도 5천4백25건의 정치적 재판이 열렸는데, 대부분 반나치 활동에 대한 재판이었다. 여기서 2만 8백83명의 피고에 대해 연 3만 9백79년에 이르는 징역 내지 금고형이 선고되었다.

1936년에는 1만 1천6백87명의 공산당원과 1천3백74명의 사회민주당원이 게슈타포에 체포되었고, 그 이듬해에는 8천68명의 공산당원과 7백33명의 사회민주당원이 체포되었다. 나치 체제에 가장 강력하게 저항한 집단인 가톨릭과 기독교인도 구속되어 재판을 받거나 강제수용소에 수감되었다. 아인슈타인은 전후에 나치 시대의 저항운동과 관련하여 다음과 같이 고백했다.

나치정권이 수립되었을 때, 나는 자유의 애호자로서 먼저 대학에 기대했다. 대학은 언제나 진리에의 헌신을 스스로 자부해왔기 때문이다. 그러나 그것이 아니었다. 대학은 침묵했다. 그래서 나는 신문의 편집자들을 쳐다봤다. 그들의 불같은 사설은 지난날 그들의 자유에의 정열을 힘차게 선포했기 때문이었다. 그러나 그들도 대학처럼 침묵하고 있었다. 오직 교회만이 진리를 탄압하는 히틀러와의 싸움터에 결연히 일어섰다. 나는 전에 교회에 대해서 특별한 관심이 없었다. 그러나 지금은 교회에 대해 큰 애착과 찬미를 느낀다. 왜냐하면 교회만이 지적·도덕적 자유의 옹호에 용기와 끈

기로 싸웠기 때문이다. 그러므로 나는 과거에 멸시하던 존재를 지금은 찬미한다는 것을 솔직히 고백하지 아니할 수 없다.

반나치 운동의 대표적이고 상징적인 세 인물로 토마스 만, 본회퍼 *Dietrich Bonhoeffer*, 브레히트*Bertolt Brecht*의 저항과 수난의 역정을 통해 당시 독일 지식인들의 고난상을 살펴보기로 한다.

반나치 작품으로 저항한 토마스 만

토마스 만은 형(하인리히 만)과 장남(클라우스 만)이 모두 작가인 독일의 대표적인 작가로 꼽힌다. 『부덴브로크가家』『마의 산』등 명작으로 널리 알려졌고 1929년 노벨문학상을 받았다.

그는 일찍부터 나치의 대두를 위험신호로 보고 '이성에의 호소' 등 정치적 강연과 평론을 통해 독일 시민들에게 위기를 호소했다. 히틀러가 정권을 장악한 1933년에는 해외에서 강연 중이었는데, 그 여행이 그대로 망명길이 되어 스위스에 머물렀다. 1936년 체코 국적을 얻고 반나치 투쟁의 작품을 발표하자 히틀러 정부는 독일 국적과 국내 재산을 몰수했고 본대학 철학과에서 받은 명예박사 칭호까

나치의 박사학위 취소에 순교자보다 대변자이기를 원했던 토마스 만

지 박탈했다. 이에 토마스 만은 반파시즘 기관지 「척도와 가치」를 발행하고, 1939년 미국 프린스턴대학의 초빙교수로 초청받아 미국 시민권을 얻은 다음, 1940~45년 동안 BBC 방송을 통해 독일 국민에게 히틀러 타도를 호소하는 반나치 정기방송을 계속하는 집념을 보였다.

1947년 뒤벤드로프 비행장에서 손자와 즐거운 한때. 그는 전후 독일에 사는 것을 거부했다.

1938년 미국 프린스턴대학에서 아인슈타인과 담소하는 토마스 만

그는 본대학의 박사학위 취소 소식을 듣고 대학에 보내는 공개서한을 통해 '나는 순교자이기보다는 오히려 대변자이기를 원한다'고 하면서 정신적인 독일의 대변자 역할을 도맡았다. 1934년 미국을 처음 방문하고 그 이듬해 하버드대학에서 아인슈타인과 함께 박사학위를 수여받아 조국이 빼앗은 학위를 되찾았다.

그는 망명생활 중에도 작품활동을 계속하여 『바이마르의 로테』『요셉과 그의 형제들』『독일과 독일인』『파우스트 박사』 등 대작을 잇달아 발표했다. 특히 『파우스트 박사』는 예술성으로나 사상적으로 나치를 증오하고 히틀러 정권의 야만성을 비판하는 입장에서 집필한 명작으로 꼽힌다.

나치 패망 후 미국을 떠나 스위스에 정착하면서 1955년 80세를 일기로 눈을 감았다. 죽기 전, 분단된 조국에 대해 "나에게는 동서독 간의 분계선이 없다. 내가 찾은 것은 서독도 아니고 동독도 아니다. 오직 독일 땅, 한 덩어리의 독일 땅이 있을 뿐이다"라고 절규했다.

순교한 천재적 신학청년 본회퍼

디트리히 본회퍼는 반나치 저항운동에 가담하여 히틀러 독재정권과 싸우다가 교수대의 이슬로 사라진 신학자이다. 그는 독재에 저항하는 지식인의 행동원리를 다음과 같이 제시했다.

"만일 미친 사람이 대로로 자동차를 몰고 간다면 목사인 나는 그 차에 희생된 사람들의 장례식이나 치러주고 그 가족들을 위로하는 것으로 만족해야 하겠는가. 만일 내가 그 자리에 있었다면 자동차에 뛰어올라 미친 사람으로부터 차의 핸들을 빼앗아야 하지 않겠는가."

베를린대학 신학부에서 수학하고 당시 교수들로부터 '천재적 신학청년'이란 평가를 들었던 본회퍼는 히틀러가 집권한 다음 날 '지도자 개념의 변천'이라는 제목의 강연을 통해서 히틀러는 국민을 잘못된 길로 오도하고 있으며 그의 정치원리는 하느님을 부정하고 인간적 지도자를 우상화할 위험이 있다고 경고했다.

권력의 광신자가 된 히틀러는 교회까지도 나치 체제에 편입시키려고 했다. 육군 군

본회퍼가 수용되었던 프로센부르크 수용소 전경(위)과 그 내부(아래)

목 출신의 루드비히 뮐러를 통해 제3제국의 감독이 지배하는 하나의
제국교회를 시도한 것이다. 나치는 이를 위해 '신앙운동 독일 기독교
인'을 결성하여 복음주의 교회를 파괴하고자 했다. 결국 독일의 기독
교는 뮐러의 수중에 들어갔고 국가사회주의 정신이 곧 교회의 정신이
며 국가사회주의라는 의지를 교회의 의지로 대체해야 한다는 나치의
교회일체화 공작이 추진되었다. 그러나 본회퍼를 비롯한 독일 교회에
서는 히틀러의 광적인 탄압에 굴복하지 않고 끝까지 저항했다.

저항의 중심에 선 본회퍼는 고백교회에 속한 목사로서 반나치 투쟁
에 수단과 방법을 가리지 않았다. 저항운동 틈틈이 저술활동도 계속했
다. 『윤리학』은 이렇게 하여 집필된 내용을 사후에 펴낸 저서이다.

본회퍼는 히틀러 암살계획에 가담했다가 1943년 4월 5일 게슈타포
에 의해 체포되고 베를린의 군형무소에 수감되었다. 2년여 동안 각처
의 강제수용소를 전전하는 옥중생활을 하다가 나치가 패망하기 직전
인 1945년 4월 9일 베를린의 프로센부르크 강제수용소에서 39세를 일
기로 처형당했다.

국적마저 박탈당한 극작가 브레히트

브레히트는 뮌헨대학 시절부터 작품을 발표하여 문단의 주목을 받
은 독일의 대표적인 극작가이다. 뮌헨과 베를린을 무대로 왕성한 활동
을 벌이며 모든 문학 장르에 걸쳐 독자적인 영역을 구축하여 독일 당
대 최고의 작가로 문명을 떨쳤다.

1933년 부인, 아들과 함께 체코의 프라하로 피난했고, 이 때부터 12
개국이 넘는 나라를 떠돌며 15년의 망명생활을 계속했다. 나치는 1933
년 국회의사당 방화사건을 시작으로 자신들과 견해를 달리하는 자유

연극을 사회적·이데올로기적 토론장으로 발전시킨 브레히트의 젊었을 때

주의적인 문인, 지식인, 언론인에 대해 대대적인 검거 선풍을 일으켜서 많은 문인, 학자를 체포했다. 브레히트 역시 히틀러의 비인간적 만행을 신랄하게 비판하는 풍자시 '죽은 병사의 전설'을 발표하여 나치의 주요 표적이 되었다. 브레히트가 망명한 후 나치 당국은 그의 모든 책을 공개적으로 소각했다.

　나치의 분서 광란은 조직적으로 자행되었다. 히틀러가 집권하는 데 크게 기여한 일간지 「나치타우스가베」가 1933년 4월 26일 분서 대상의 서적 목록을 제시한 것을 계기로 서적의 '불온성'을 가늠하는 명단이 나돌았다. 이 해 5월 10일 전국의 대학 도시에서 브레히트의 작품을 포함하여 수많은 저명 작가와 학자들의 저서가 소각되었다.

　1935년 망명지 파리에서 『진실을 쓸 때의 다섯 가지 어려움』을 발표했고, 이 글이 '응급조치를 위한 실천지침'이란 위장된 제목으로 독일에 반입되어 유포되자 나치는 브레히트의 국적을 박탈했

헬러의 〈브레히트 자화상〉 1955~56년

다. 그때부터 브레히트는 미국에서 나치 패망 때까지 저항했는데, 1948년 10월 서독으로 귀국하려 했으나 연합군 당국이 입국허가를 내주지 않아 동베를린으로 갔다. 동베를린에서 극단 베를리너 앙상블 *Berliner Ensemble*을 창단했고 전용극장을 마련하여 활발한 활동을 벌이다가 1956년 심근경색증으로 사망했다.

건강이 점차 나빠져 죽음을 예감한 그는 자신이 죽은 뒤에 사체를 전시하지 말고 장례식에서 조사 낭독을 하지 말라는 유언을 남겼다. 그러나 브레히트를 정치적으로 이용해 온 동독은 장례식을 호화롭게 거행했으며 독재자 울브리히트*Ulbricht*도 참석하여 거창한 조사를 읽었다. 이 때부터 동서독의 출판인들은 브레히트 전집발간을 준비하여 독일 통일 이후 30여 권이 넘는 전집을 공동출판함으로써 그의 문학적·정신사적 업적을 기렸다.

중국 전국시대의 지식인

　중국에서는 주周나라가 점점 쇠퇴하면서 무려 1백여 국에 달하는 각처의 제후들이 힘을 겨루어 싸움을 하고 침략을 일삼게 되니 하루도 편안할 날이 없었다. 게다가 융적이 중국 본토를 침입하기 시작하면서부터 혼란상은 더욱 심해졌다. 이러한 혼란기는 4백80여 년간이나 계속되었다.

　이 시대는 대체로 2기로 분류된다. 전기는 춘추시대春秋時代라 하여 기원전 770년 주 왕조가 뤄양洛陽으로 천도한 때로부터 기원전 475년 진晉의 유력 귀족인 한韓, 위魏, 조趙의 3씨가 실권을 잡기까지의 2백42년간을 가리킨다. 이 말은 공자가 이 기간의 노나라 역사를 편찬하여 『춘추』라고 명명한 데서 기인한다.

　후기는 기원전 221년 진나라 시황제가 즉위하기까지의 2백35년간이다. 이 중에서 주의 위열왕 23년부터 그 이후의 1백58년간을 전국시대戰國時代라고 부르는데, 전국시대는 춘추 5패春秋五覇와 같이 전국 칠웅戰國七雄의 각축시대로서 위열왕 23년은 바로 이들 칠웅이 세상에 이름을 나타내던 해였다.

5백 년이나 계속된 춘추전국시대는 그야말로 대동란기로서 백성들은 불안에 떨며 편안한 생활을 할 수 없었고 도탄과 고초에 시달리지 않으면 안 되었다. 이런 시대에 지식인들의 고초는 운명적이라 할 만큼 가혹했다. 많은 지식인들이 권력의 희생물이 되었다. 앞에서 살펴본 공자를 비롯한 상당수의 지식인도 이 시대의 수난자들이다.

　춘추전국시대는 시황제의 천하통일로 잠시 혼란이 수습되었다. 그러나 시황제가 순행 도중 죽고 2세 황제로 즉위한 호해胡亥가 사리를 분간하지 못할 정도로 어리석어 환관 조고趙高에게 농락당하면서부터 또다시 군웅이 할거하는 전란기를 맞았다. 결국 진나라는 천하를 통일한 지 불과 15년만에 망하고 항우項羽와 유방劉邦이 관중關中의 지배권을 놓고 다투다가 유방의 한 제국이 천하를 통일했다. 그러나 한나라 역시 4대 화제和帝 때부터 환관들의 전횡으로 국운이 흔들리기 시작했다. 황건黃巾의 난으로 또다시 군웅이 할거하여 후한後漢은 망하고 조조曹操, 유비劉備, 손권孫權의 삼국 정립시대에 이르렀다.

　태평시대에도 지식인은 그 본질상 권력과의 마찰이 심한 터에 하물며 춘추전국, 군웅할거의 폭력시대에 지식인의 역할이란 참으로 보잘 것이 없었다. 그런 상황에서도 지식인들은 진리와 양식을 지키려다보니 가혹한 수난을 당하게 된다.

돌을 품고 강물에 뛰어든 굴원

　굴원屈原의 자는 정칙正則, 이름은 굴평屈平으로 중국 고대의 시인, 학자이다. 그는 '세계 최대의 비가悲歌'를 남긴 시인이면서 현실정치에 뛰어들어 개혁을 시도하다가 사석沙石을 가슴에 품고 창사長沙에 있는 미뤄강汨羅水에 투신하여 중국사에서 수난받는 지식인의 한 전형을 이루었다.

기원전 343년 양쯔강 중부 유역의 큰 나라였던 초나라의 왕족으로 태어난 그는 이미 20대 때 재능이 뛰어나 친척이었던 회왕懷王의 신임을 받아 좌도左徒라는 중책을 맡았다. 좌도란 늘 왕과 함께 있는 시종으로서 국사를 의논하고 정령政令을 지어내며 외교사절로 여러 나라를 방문하는 관직이었다.

굴원은 일대 개혁정치를 시도했다. 각종 법령을 개정하고 특권을 제한하는 파격적인 개혁조치였다. 그러나 굴원이 왕의 신임을 얻는 것을 시기한 상관대부上官大夫는 왕비를 통해서 참소를 계속했다. 젊은 굴원이 장차 초나라를 지배하려 한다는 음모를 조작하여 모함한 것이다.

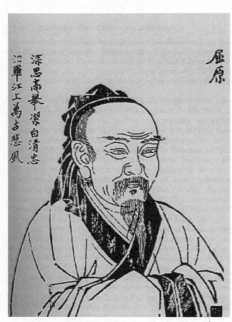

잃어버린 정치적 희망을 투신자살로 끝낸 애국시인 굴원

총명하지 못한 회왕은 이 참소를 그대로 믿고 굴원을 추방했다. 어느 시대에나 있을 법한 일이었다. 굴원은 한수漢水 북방의 이역만리로 쫓겨나고 말았다.

그 동안 초나라는 열국에 대한 정치외교의 실책으로 천하통일의 야망을 가진 진나라에 의해 6국의 동맹정책이 파괴되고 전쟁에서 패퇴했다. 제나라와 동맹하여 강국인 진에 대항해야 한다는 굴원의 주장을 받아들이지 않은 결과이기도 했다.

굴원은 회왕의 부름을 받고 다시 조정으로 돌아왔다. 그러나 진나라에 기만당해 포로가 된 회왕 대신 그에 앞서 인질로 잡혀 있었던 태자로 하여금 왕위를 잇게 하려는 진나라에 대해 굴원은 왕권 간섭이라고 비판했다. 결국 회왕의 맏아들 경회왕頃襄王이 즉위하고 막내인 자란子蘭이 재상인 영윤令尹이 되었는데, 굴원은 회왕을 객사하게 한 자란을 백성들과 함께 비난하다가 또다시 모함을 받아 양쯔강 이남의 소택지로 추방되었다. 그의 나이 48~49세 무렵이었다.

다시 쫓겨난 굴원은 10여 년간 강산을 유랑하며 절망과 울분을 달랬다. 많은 작품을 남긴 것도 이 무렵이었다. 62세의 어느 날, 유배에 대한 절망감으로 강가를 하염없이 거닐며 시를 읊조리다가 '회사의 부懷沙 賦'를 마지막으로 고결한 성품을 그대로 간직한 채 돌을 가슴에 품고 미뤄강에 투신했다. 스스로 목숨을 끊지 않을 수 없었던 심경을 읊은 이 시의 마지막 대목은 다음과 같다.

이제 나 죽을 수밖에 없나니
바라는 바 이 몸에 애착하지 않나니
군자에게 외치건대
내 뜻이 사람들의 본이 되어라

굴원은 중국 문학사에 빛나는 『초사楚辭』를 지었는데, 그의 인품과 시대의식을 나타내는 시 한 편을 인용한다.

내 긴 한숨지으며 홀로 우짖나니

사람의 살 간난 많음을
슬퍼하지 않을 수 없어라
나도 몸을 닦아 삼갔으나
아침에 간諫하고 저녁에 쫓겨났나니

혜초 띠로 나를 버렸나뇨
또한 구릿대 때문이었나뇨
그러나 내 마음의 귀한 사람은
아홉 번 죽어도 한이 없어라

님이여, 님을 원망하나니
사람의 마음 살피지 않으시고
무리들은 나를 헐뜯어
나더러 음란하다 하니 억울하여라

세상의 간교한 재주
틀이 있어도 마음대로 고치고
먹줄 두고 굽은 길 따라 가나니
뜻 맞추려고 다투는 일 뿐이라

내 우울한 심사 넋 잃고 선 채
곤궁한 때를 혼자 사나니
이제 곧 죽어서 자취 없어도
어이하여 그럴 수 있겠느뇨

중국 허베이성 추핑에 있는 굴원 사원

매가 다른 새들과 어울리지 않음은
예로부터 정해진 일이어라
어이하여 둥근 구멍에 네모가 맞으랴
서로 가는 길 다른 것을
어이하여 억지 상종하랴

꾹 참고 생각 꺾고 혀 뜻을 눌러서
허물을 참아내고 욕을 피하여
청백한 길에서 죽는 것은
옛 성인도 중히 여기셨어라

모함받고 자살한 유안

저서 『회남자淮南子』의 지은이로 유명한 유안劉安은 기원전 179년에 출생했다. 부친 유장劉長은 한고조의 사생아였다. 그러나 궁중의 모반 음해로 25세의 젊은 나이에 죽었다. 그의 모친 역시 한고조의 모해 사건에 연루되어 감옥에서 자살했다.

유안은 왕손으로 태어났지만 이렇듯 불우한 환경에서 성장했다. 16세의 나이에 회남왕淮南王에 봉해지는 등 응분의 대접을 받기도 했다. 그러나 탈권되어 권력으로부터 배제당했다. 이 때부터 그는 권력보다 학문에 열중하여 많은 연구, 저술과 인생에 교훈이 되는 생활철학을 남겼다. 일찍이 독서를 좋아하고 문장에 뛰어나 한무제의 명을 받들어 「이소전離騷傳」을 지은 인물이었다.

그는 「원도훈原道訓」에서 "천하는 나의 소유에 속하고 나도 천하의 소유에 속하니, 천하와 나 사이에 어찌 간격이 있으리오" 라고 했고,

「목경훈木經訓」에서는 "천지 우주는 한 사람의 몸이요 육합六合의 안은 한 사람의 형체이다"라고 했다. 여기서 육합이란 사방과 위, 아래를 말한다.

특히 그는 「정신훈精神訓」에서 "정신이란 하늘로부터 받은 것이고, 형체란 땅으로부터 받은 것"이라 하면서 "머리가 둥근 것은 하늘을 본뜬 것이요, 발이 넓적한 것은 땅을 본뜬 것이다. 천지, 사시四時, 오행五行과 구해九解, 그리고 3백60일이 있듯이 사람도 사지, 오장, 구격과 3백60개의 뼈마디가 있다. 하늘에 바람, 비, 추위, 더위가 있듯이 사람에게도 받고 주고 기뻐하고 성냄이 있다. 그러므로 담은 구름이요, 폐는 기요, 간은 바람이요, 신장은 비요, 비장은 우뢰가 되어 천지와 서로 어우러지나 마음이 그들의 주인이다"라고 했다. 여기서 구해란 8방과 중앙을 가리키는 말이며, 구격이란 눈, 귀, 코에 구멍이 두 개, 입이 하나, 하체에 있는 구멍 두 개 등 모두 아홉 개의 구멍을 가리킨다. 한마디로 인간의 신체구조가 천지와 서로 교호交互하기 때문에 사람과 하늘은 서로 통할 수 있다는 주장이었다.

『회남자』는 유안과 그의 문객들이 쓴 책이다. 유안은 배다른 형인 무제에게 자신의 정치적 견해를 품신한 것이 빌미가 되어 '야심을 품고 천하를 어지럽히며 백성을 현혹시킨다'는 모함을 받아 자살했다. 기원전 122년, 그의 나이 59세였다.

남근을 절단당한 사마천

중국 문화를 세상에 널리 알리는 데 힘쓰다가 1990년 사망한 중국의 역사가이며 철학가 전목錢木은 사마천司馬遷이 지은 『사기史記』에 대해 '가히 다시없는 최고의 사서'라고 칭하면서 '공자의 『춘추』와 더불어 중국 고대의 사인私人이 저술한 위대한 서적'이라고 극찬했었다.

한漢나라의 조정에서 천문 관측, 달력의 개편, 국가 대사와 조정 의례의 기록 등을 맡는 태사령을 지낸 사마담司馬談의 아들로 태어난 사

중국 산시성 룽먼에 있는 사마천의 묘

마천은 스무 살 때 천하를 주유했고, 스물 두 살에 낭중郞中이란 관직을 받았으며 35세에 촉나라에 사신으로 파견되었다. 35세에 부친이 사망하자 그 뒤를 이어 세습직인 태사령에 올랐다.

기원전 105년 무제의 즉위가 한나라의 새로운 시작이란 의미에서 중국 달력의 개편이 이루어지게 되자 사마천은 이 작업을 맡으면서 부친이 못다 이룬 중국 역사서의 집필에 착수했다. 그러다가 47세 때 명장 이릉李陵이 흉노에 사로잡혀 항복한 사건이 발생했다.

사건 개요는 이러했다. 북쪽 흉노가 한나라 영토를 침범해 오자 이릉은 오랑캐를 토벌하는 장군으로 뽑혀 병졸 5천을 거느리고 흉노와 맞서 싸우다가 형세에 몰려 투항하고 말았다. 이에 한의 조종에서는 이릉을 두둔하는 세력과 그를 비난하는 세력으로 나뉘어 시비가 일어났고 사마천은 이릉을 옹호하는 편에 속했다. 그러나 이릉이 적신으로 단죄를 받자 사마천은 옹호하던 사람들과 함께 중형을 면치 못하게 되었다. 사마천이 이릉을 변호하게 된 것은 특별한 개인적 사정 때문이 아니었다. 어디까지나 진실과 도의심에 따른 행동이었다. 사마천 자신의 글에서도 이러한 심중은 잘 나타난다.

나는 이릉과 더불어 같은 문하생이긴 하지만 친한 사이는 아니었고, 길이 다르기 때문에 일찍이 술잔을 주고받으며 은근한 정을 나눈 적도 없었다. 그러나 그의 사람됨을 볼 때 기사일뿐더러 어버이에게 효로 섬기고 친구와 신의를 지키며 재물에 청렴하고 주고받음에 의롭고 겸손하여 분별이 있으며 검소하게 몸을 지녀 항상 자신을 돌보지 않고 국가의 급한 일을 쫓고자 함이 그의 평소 신념이었기에 나는 그에게 국사國士의 풍이 있다고 보았다.

이 사건으로 이릉의 일가족은 주멸당하고 사마천은 남근男根이 잘리는 궁형宮刑을 받았다. 그러나 그는 자신이 당한 치욕을 잊은 채 역사서 집필에 몰두하여 마침내 그의 나이 55세에 불후의 역사서『사기』를 완성했다. 그 후 이 책을 보완하다가 다시 무제의 미움을 사는 바람에 완전히 절필하고 2년 후 62세를 일기로 세상을 떠났다.

사마천은 얼마든지 호강하고 출세할 수 있는 위치에 있었다. 그러나 누명을 쓰게 된 친구의 억울함을 탄원하고 변호하다가 황제의 노여움을 사서 생식기를 절단당하는 치욕을 겪어야 했다. 궁형은 사형보다 더 잔인하고 치욕스러운 형벌이었다. 그러나 그는 치욕을 견디면서『사기』완성의 초지를 관철시켰다.『사기』의 한 구절을 보자.

혹자는 말하길, 천도엔 편파한 사정私情이 없고 언제나 선인의 편을 든다고 했는데, 백이숙제는 천하에 비교할 바 없는 선인이었는데도 아사했다. 공자의 70명 제자 가운데 중니仲尼는 호학하는 유일한 제자로서 안연顔淵을 천거했다. 그런데 안연은 언제나 양식이 궁해 조강糟糠조차 배불리 먹지 못해 젊은 나이로 죽었다. 하늘이 선인에게 보답함이 있다는 것은 진실인가. 도척盜拓은 나날이 죄 없는 사람을 죽여 사람의 간을 회로 해서 먹는 등 난폭하기 짝이 없고, 수천 명의 도당을 이끌고 천하를 횡행했는데도 천벌을 받지 않고 천수를 다했다. 그렇다면 정녕 천도가 있는가 없는가.

옥사당한 역사가 반고

반고班固는 중국 후한 초기의 역사가이자 문학가로서 자는 맹견猛堅이다. 사마천의『사기』에 뒤이어 정사체, 즉 기전체의 사체史體를 정립시킨『한서漢書』의 저자로 널리 알려진 인물이다.

기전체 역사서의 모범 『한서』를 편찬한 반고

32년 산시성陝西省 셴양咸陽에서 출생하여 아홉 살 때 이미 문장과 시무에 뛰어난 자질을 나타냈고, 그 뒤에 계속 학업에 정진하여 많은 종류의 책을 읽고 구류백가九流百家의 사상을 접했다. 그리고 부친의 유지를 받들어 향리로 돌아가 수사修史를 계속했다. 그의 부친 반표班彪는 광무제에 의해 서령에 제수되었으나 건강상의 이유로 관직을 사퇴하고 사마천의 『사기』를 계승할 역사서를 쓰기 위해 독자적으로 자료를 수집하는 등 역사 연구에 몰두한 사람이었다.

그러나 역사를 개인적으로 집필한다는 내용이 관에 밀고되어 반고가 수집한 자료와 저술은 모두 압수당했고 반고마저 옥에 갇히게 되었다. 이 때 아우인 반초班超가 상소하여 명제明帝의 소견召見에서 저술 의도를 밝힘으로써 혐의가 풀리고, 오히려 반고의 저술을 본 명제의 양해로 『한서』의 저술을 계속할 수 있었다.

그 후 반고는 난태령사蘭台令史에 임명되어 『세조본기世祖本記』를 찬술하고 전교비서가 된 다음에는 『열전재기』 28편을 저술했다. 반고는 이어 이전에 착수한 수사에 전념하여 본격적으로 『한서』를 저술한 것이다. 그러나 92년 화제和帝 영원 4년에 대장군 두헌竇憲을 따라 흉노 정벌에 나섰다가 실패한 것과 관련하여 억울하게 투옥되고 61세를 일기로 옥사했다. 『한서』는 그의 누이동생과 경학자 마융馬融에 의해 완성되었다.

풍류시인 이백

흔히 이백李白을 가리켜 저항의식이 전혀 없는 자연주의 시인, 순수시인으로 보는 경향이 있다. 그러나 이백은 두보杜甫와 더불어 당나라 현종玄宗 시절에 권력의 비리를 비판하고 세태를 풍자하는 시로써 적지 않은 수난을 당한 비판적 지식인이었다.

현종은 초기에는 태평성대를 이룩한 현명한 군주였다. 그러나 양귀비楊貴妃에 매혹되어 정사를 포기하다시피 하고 만년에는 안록산安祿山의 반란과 오랑캐의 창궐로 사직이 기울어 창생들이 도탄에 빠지게 되는 용렬한 암군暗君으로 변했다. 이 때의 문인으로는 이백과 두보가 있었다.

701년 태어난 이백의 선조는 확실치 않다. 따라서 이백의 출생지도 명백하지 않으며 한인漢人과 호인胡人의 혼혈아로 태어났을 것이라는 설이 있다. 경제적으로 풍족한 가정에서 태어난 이백은 일찍부터 학문과 기예를 습득할 수 있었다. 더욱이 탁월한 천품과 호방한 성품을 갖고 태어나 어려서부터

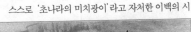

스스로 '초나라의 미치광이'라고 자처한 이백의 시

후베이성 우창에 있는 황학루. 이백이 이곳에서 죽마지우와의 이별을 노래하여 유명해졌다.

백가百家를 독파하고 시문에 능통했으며 검술, 무예에도 뛰어났다. 이백의 자를 태백太白이라 함은 그의 어머니가 꿈에 태백성太白星을 보고 출산했기 때문인 것으로 전해진다. 이백은 스스로 자호를 청련거사淸蓮居士라고 지었다.

그는 청년 시절 십수 년 동안 천하를 방랑하며 시작詩作에 몰두하고 각처의 은사들을 만나 교유했다. 그러던 중 현종의 부름을 받아 3년간 한림학사가 되어 현종을 보필했다. 하지만 이 때 당나라 조정은 타락하고 부패하여 음흉하고 간사한 소인배들로 꽉 차 있었다. 그는 기회가 있을 때마다 나라를 평안케 하고 백성을 구제해야 한다고 주장하면서 부패정치의 개혁을 주장했다. 이미 썩을 대로 썩은 왕실이 그의 말에 귀를 기울이지 않았다. 어느 날 화가 치민 이백은 술에 잔뜩 취해 궁중에서 실권자인 환관에게 자기의 신발을 벗기도록 한 것이 화근이 되어 궁중에서 쫓겨났다.

이백은 실의에 빠져 떠난 유랑의 길에서 두보를 만나 두터운 우정을 나누었다. 훗날 두보는『음중팔선가』에서 이백에 대해 '한말의 술에 1백 편의 시를 짓고 장안거리 술집에 쓰러져 자며 천자가 불러도 배를 타고 갈 생각을 하지 않고, 스스로 주정뱅이 신선이라 자칭한다'고 읊었다.

이백은 스스로 '초나라의 미치광이'라고 자칭하면서 왕실의 부패와 타락을 질타했다. 세상이 온통 모순과 광기에 찼으니 자기도 광인으로 광기를 부릴 수밖에 없다고 술회한 것이다. 그리고 일생을 술 마시고 호방했으며 오직 시문만을 남긴 시선詩仙으로 살다가 762년 62세를 일기로 타계했다. 그의 시 중에 월나라에서 옛날을 회상한다는 뜻의 '월중회고越中懷古'가 있다.

월왕 구천이 오나라를 파멸하고 돌아오니
의로운 집에는 비단옷이 동이 나는구나
궁녀들은 꽃같이 아름다워 춘전에 가득차고
지금은 오직 자고새만 나르는구나

민중시인 두보

두보는 중국 역사에 찬연히 빛나는 대표적인 민중시인이다. 당나라 전성시대에 활동한 두보의 자는 자미子美이며, 흔히 시성詩聖으로 추앙되는 인물이다. 본적은 후베이성湖北省의 샹양襄陽이지만 허난성河南省의 궁현鞏縣에서 712년 태어났다. 먼 조상은 진대晉代의 위인 두예杜預이고, 조부는 당나라 초기의 시인 두심언杜審言이다.

일찍이 어머니를 여의고 숙모 밑에서 자랐는데 그의 시에 대한 재능은 일찍이 고향의 명사들에게 인정을 받았다. 젊었을 때부터 술을 좋아했고 강직한 성품을 드러냈으며 연장자들과 교류를 즐겼다. 20세를 전후하여 8~9년간 지방을 유람했는데, 24세에 고향으로 돌아왔으나 진사 시험에 낙제하고는 다시 여행길에 나섰다.

744년 때마침 장안의 궁정에서 추방되어 산둥성으로 가고 있던 이백과 뤄양에서 만나 두보는 그와 함께 지금의 허난성인 양송梁宋 지방으로 유람을 떠났다. 그 후 장안長安으로 가서 벼슬길을 찾았으나 여의치 못하다가 751년 현정에게 「삼대례부三大禮賦」를 바쳐 집현원대제集賢院待制의 명을 받고 관리로 임명될 순서를 기다렸으나 결국 임용되지 못했다.

그 무렵 두보는 가난의 정도가 심한데다가 폐를 앓아서 그 곤경을 시로 노래했다. 드디어 개인적 괴로움을 읊는 경지를 넘어서 고통에 허덕이는 세상 사람들을 동정하여 그들을 대신해서 노래하는 민중시로 작풍作風을 바꿨다. 그 전기가 되는 작품이 41세에 지은 「병거행兵車行」이었다. 42세에는 민중의 생활을 무시한 양楊 일족의 방탕한 생활상을 비판하는 내용을 「여인행麗人行」에 리얼하게 담았다.

44세에 비로소 금위군의 무기고 관리로 정8품 하下라는 가장 낮은 관직을 얻었다. 오랫동안 기다렸던 관직인지라 일단 굶주림을 면하게 되었다고 기뻐하며 서둘러 처자가 있는 봉선현으로 향했다. 장안을 출발해서 도중에 리산산驪山 기슭에 다다르니 그 곳 온천에는 현종이 양귀비와 함께 조정의 문무백관을 거느리고 추위를 피해 와서 환락의 나날을 보내고 있었다. 두보는 "부잣집에서는 술과 고기냄새가 나지만 길에는 얼어 죽은 해골이 뒹굴고 있다"고 하며 빈부의 차가 너무나도

쓰촨성 청두에 있는 두보의 집. 이곳에서 그는 4년간 2백40편 이상의 시를 지었다.

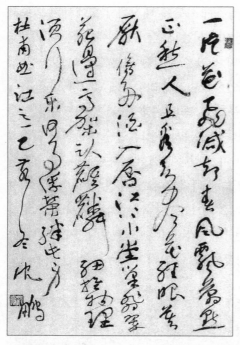

유랑의 시기에 따라 시풍이 달라지는 두보의 시 '곡강'

현격한 세상에 대해 분노를 토로했다. 이 때 두보는 비분강개의 울분과 마음을 무겁게 덮쳐 누르는 서글픔을 강렬하게 호소한 장편의 시 「자경부봉선현영회오백자自京赴奉先縣詠懷五百字」를 지었다.

그러나 그 해 안록산의 난이 일어나 피신 중에 적군에 체포되어 장안으로 압송되었다. 이 때 '나라는 망해도 산하는 그대로구나' 라는 유명한 「춘망春望」을 짓고 탈출하여 숙종의 곁으로 달려갔으나 직무에 너무 충실한 것이 도리어 화가 되어 숙종으로부터 배척당했다. 지방의 하급관리로 추방된 것이었다.

48세 때 정치에 절망하여 일체의 관직을 사임하고 낙향하여 예술적 향기가 넘치는 시를 짓는 데만 전념했다. 그러다가 여행과 유랑길에 나서 시작詩作과 자연을 벗하다가 770년 59세를 일기로 창사에서 숙환으로 죽었다. 두보의 사상을 대표하는 몇 편의 시를 보자.

나라는 망해도 산하는 그대로이고 봄이 오니 성城에는 초목이 무성하다
때를 느껴 꽃은 눈물을 흘리고 새를 보아도 마음이 놀랄 것 같다

봉화는 3개월이나 계속하니 고향 소식이 만금萬金의 가치나 되는 듯하다
근심으로 백발은 더욱 짧아지니 거의 비녀를 꽂을 수 없겠다 (춘망)

손바닥을 뒤집으면 구름이 되고 엎으면 비가 되듯이
우정의 경박함을 이루 헤아릴 수 없다
그대들은 옛날 관중과 포숙의 빈천시의 우의를 알지 못하는가
지금 사람들은 교우의 길을 흙같이 버려 돌보는 자가 없구나 (빈교행)

뜬 구름은 종일 흘러가는데 나그네인 당신은 오래도록 오지 않는다.
사흘밤이나 계속 당신을 꿈에 보는 것은
당신의 나에 대한 깊은 애정의 표현
당신은 돌아온다고 항상 서성대고 있으면서
구차하게 말하기를 오기는 쉽지 않다고 한다

강호에 풍파가 많아서 배가 뒤집힐까 두렵다고 했다
문을 나서며 백발을 긁었는데 평생의 뜻을 이루지 못한 것 같았다
귀인들은 서울에 충만한데 당신만은 홀로 파리하다
법망이 광대하여 죄인을 모두 다스린다고 하였는가
이백은 늙어서 아무치도 없는데 왜 몸에 누를 당하고 있나 (몽이백)

위학자로 고발된 주자

공자와 맹자 다음으로 대유학자인 주자朱子는 사상가로서 성리학을
집대성했고 경전 해석에 새로운 경지를 개척한 학자였다. 특히 역사와
현실 앞에 강곡엄정한 경세가로서 근대 유학을 집대성하였다. 이름은

희熹, 자는 원회元晦 또는 중회仲晦, 호는 회암晦菴이며 운곡노인雲谷老人이라고도 불렀다.

1130년 남송 고종시대에 푸젠성福建省 우계尤溪에서 태어나 18세 때 대과에 급제했는데, 당시 그 시험에 급제한 사람들의 평균 연령은 35세였다. 맡은 첫 번째 관직은 푸젠성 동안同安의 주부였다. 이곳에서 조세와 감찰 업무를 개혁하고 지방에 있는 서원의 서고書庫와 학칙을 개선했다. 또한 그 때까지 없었던 엄격한 의례와 관혼상제의 규율을 제정하는 등 여러 개혁에 착수했다.

28세에 관직에서 물러났다가 33세에 효종이 즉위하자 불교를 배척하는 상소를 올리고 금金나라에 대한 주전론을 펴 당시 집권자들의 주화론에 대항했다. 46세에 『근사록近思錄』을 편찬하고 49세에는 9세기에 건립되어 10세기에 번성했다가 그 뒤 폐허가 된 백록동서원白鹿洞書院을 재건했다. 주희에 의해 원래의 모습을 회복하게 된 이 서원은

장시성 썽쯔에 있는 백록동서원. 주자가 스스로 원장이 되어 천하 제일의 학교로 발전시켰다.

그 후 8세기에 걸쳐 그 명성을 유지했다.

그는 또 효종에게 시국 수습에 관한 직간소를 올려 당시 부패한 관리들과 악덕 상인을 적발하도록 요구했다. 이 일이 빌미가 되어 부패한 관리들의 미움을 받아 중앙에서 쫓겨 지방으로 좌천당했고 종국에는 66세에 모든 관직에서 해임되었다.

당시 조정의 관직이 생계수단일 수밖에 없는 선비의 입장에서 관직 박탈은 바로 생계의 곤궁함을 의미했다. 주자는 부패 관리의 축출을 요구하는 「만언서萬言書」를 올렸는데 이 때문에 관직 박탈과 함께 그의 학문체계인 주자학이 위학僞學으로 몰렸으며 많은 제자들이 그의 곁에서 쫓겨나는 수난을 당했다.

주자는 박해와 부패 관리들의 모함으로 등용된 50년 동안 아홉 차례나 지방에서 근무했고, 조정 안에서 내직에 근무한 기간은 40일에 불과했다. 조정의 부름을 받아 고위직으로 승진할 수 있는 기회가 여러 번 있었으나 과감한 직언과 소신 있는 의견, 부패와 사리사욕이 판치는 정치에 대한 비타협적인 공격 등으로 인해 파면되거나 수도로부터 멀리 떨어진 지방 관직으로 쫓겨났던 것이다. 그런 가운데서도 자기의 학설을 굽히지 않고 감연히 저항해 나갔으며 끝내 불우한 가운데 72세를 일기로 사망했다.

흔히 주자학이 대의명분과 공리공론에 불과하다는 일부의 배척과는 달리 성리학을 창도한 주자 그 자신은 누구보다도 현실정치와 사회의 모순과 대결하여 싸우고 이의 반대급부로 고난당한 저항적인 학자이며 지식인이었다.

은둔한 시인과 저항한 사상가

중국은 땅도 넓고 그 역사가 길어 각양각색의 인물과 인재가 풍성하다. 기인과 재사가 많고 야인과 저항아도 많았다.

중국 역사상 도연명陶淵明과 이지李贄는 상이한 유형의 대표적인 인물에 속한다. 도연명은 권력자에게 머리 숙이기 싫어서 「귀거래사歸去來辭」를 읊으며 낙향한 소극적인 저항형의 지식인이었고, 이지는 권력에 격렬하게 도전하며 자유분방한 활동과 저술을 남기고 스스로 목숨을 끊지 않을 수 없었던 적극적인 저항형의 지식인이었다.

권력의 박해에 대응하는 방법에는 여러 가지가 있다. 애초부터 권력과의 마찰을 피해가는 순응형이 있고, 비판과 저항을 하더라도 몸을 사리면서 하는 보신형이 있다. 도연명처럼 소극형이 있는가 하면 이지와 같은 적극적인 저항형도 있다. 중국 역사상 상이한 두 사람의 저항과 수난의 역정을 살펴보자.

소인배에 허리 굽히지 않았던 도연명

도연명은 중국 동진東晉 송대宋代의 시인이다. 본명은 잠潛이라 하고, 자를 원량元亮 또는 연명淵明이라고 한다. 문 앞에 버드나무 다섯 그루를 심어 놓고 스스로 오류五柳 선생이라 칭하기도 했다. 시호는 정절靖節이다.

그의 가계는 분명치 않다. 365년 장시성江西省 주장현九江縣의 남서 시상柴桑에서 태어났다. 증조부는 서진西晉의 명장 도간陶侃이며, 외조부는 당시의 명사 맹가孟嘉였다고 전한다. 하지만 생활은 풍족하지 못했다. 부친은 일찍 사망하여 홀어머니 밑에서 성장했는데, 젊어서부터 글공부를 좋아하여 입신의 포부를 가졌으나 29세에 비로소 관직에 들어갈 수 있었다. 첫 번째 관료생활은 강주의 좨주祭酒로 취임한 것이었으나 곧 사임했다. 좨주란 오늘날의 교육장에 해당하는 직책이다.

그 후 13년 동안 지방의 하급 관직에만 머물러 있었다. 평소 강직한 성품으로 고위직 인사들에게 뇌물과 아첨을 하지 않는 이유 때문에 말 관직에만 종사한 것으로 전한다. 입신의 뜻을 펴지 못한 도연명은 팽택彭澤 현령이란 미관말직에 80일간 근무하기도 했다. 그가 자발적으로 퇴관하게 된 동기에 관해서는 다음의 유명한 일화가 있다.

어느 날 군의 관리로부터 예복을 갖추고 나와 허리를 굽혀 관리를 맞으라는 전갈을 받았다. 그 관리는 공교롭게도 도연명과 같은 고향 출신의 하잘 것 없는 소인배로서 뇌물을 주고 관직을 산 인물이었다. 이 소식을 받은 도연명은 분노를 이기지 못하여 '내 비록 현령의 자리에 있지만 어찌 오두미五斗米의 봉급 때문에 허리를 굽히고 향리의 소인배에게 절을 해야 하느냐' 라는 명언을 남겼다. 그리고 현령의 자리를 내동댕이치고 향리로 돌아가 버렸다. 이 때 전원으로 돌아가면서 심경을 읊은 것이 유명한 「귀거래사」이다.

이때부터 도연명은 죽을 때까지 20여 년간 은둔생활에 들어갔다.

고향에 은거한 지 3년째 되는 해에 갑작스런 화재로 생가가 타버리자 일가를 거느리고 고향을 떠나 주도인 심양의 남쪽 근교에 있는 남촌南村(南里)으로 이사해서 그 곳에서 만년을 보냈다. 지식인들과 친교를 맺는 한편, 시를 써서 크게 명성을 얻었으며 10년 후에는 조정으로부터 좌저작랑佐著作郎을 수여받기도 했다. 그것은 당시 은사隱士에게 주어지는 관직이었다.

도연명은 은일隱逸 시인, 전원시인으로서 세평을 받았으며, 두 임금을 섬기지 않는 절의節義의 선비, 권력자에 저항하는 강골한 인간으로 평가받는 지식인이었다. 특히 41세에 지은 「귀거래사」는 관리 생활에 종지부를 찍고 야인 생활로 돌아간다는 선언적 의미를 가진 대표적인 작품이다. 이제까지의 관리 생활은 마음이 형(形 : 육체)의 역(役 : 노예)으로 얻었던 것을 반성하고, 전원에 마음을 돌리고 자연과 일체가 되는 생활 속에서만이 진정한 자유인의 기쁨이 있다는 내용이다.

진홍수의 〈도연명도〉 1598~1653년

권력을 추구하던 한 지식인이 부패한 권력과 향리 소인배의 부당한 지시를 거부하고 야인으로 돌아가면서 남긴, 심금을 울리는 「귀거래사」의 내용을 살펴보자.

돌아가자. 전원에 장차 묵으려 하거니 어찌 돌아가지 않으랴. 이미 스스로 마음으로써 몸에 사역使役하였으니, 어찌 근심하여 홀로 슬퍼할 것이 있으랴. 지난 일은 고칠 수 없음을 깨달아 장래에는 좇아서 틀리지 않을 것을 알았 노라. 실로 길을 미迷하였으나 그리 멀지는 않았으니 이제부터는 옳고, 어 제까지는 글렀음을 알겠더라.

배는 흔들려 가볍게 드놓이고, 바람은 옷자락을 날리누나. 나그네에게 앞 길을 물어서 가니 새벽빛이 희미한 것이 한스러워라. 이에 처마를 쳐다보 고 기쁜 마음으로 내 집으로 달려간다. 동복童僕은 기꺼이 맞이하고 어린 아들은 문에서 기다린다. 삼경은 거칠어지고. 송국松菊은 아직도 남았구 나. 어린 것을 이끌고 방으로 들어가니 술이 통에 찼다. 단지와 술잔을 잡 아당겨 스스로 잔질을 하고 정원 나뭇가지를 바라보며 얼굴에 기쁜 표정 을 드러냈다. 남창南窓에 기대어 태연히 앉았으니 무릎을 용납할 만한 작 은 방이지만 평안키만 하더라.

정원은 날로 거칠어도 언제나 아취 있는 전망을 이루고 있고, 문을 달아 놓았지만 늘 닫긴 채 그대로다. 지팡이로 늙은 몸을 붙들어 아무 데서나 마음대로 쉬고, 때로 머리를 높이 들어 자유로이 근방을 둘러본다. 구름은 무심히 산골짝 굴속을 돌아나오고, 새는 날다가 지쳐서 다시 산으로 돌아 올 줄 아는구나. 일광은 엷은 어둠에 가리면서 장차 서쪽으로 기울어 드는 데, 외로운 소나무를 어루만지며 그 주위를 맴돈다.

돌아가야지. 청컨대 교제를 쉬고 노는 것을 끊으리라. 세상과 나와는 서로 잊어버리자. 다시 수레에 올라 무엇을 구할 것이냐. 친척의 정화를 즐겨 듣고 금서琴書를 즐기며 우수를 녹이리라. 농사꾼은 나에게 봄이 닥친 것을 알린다. 장차 서주에 일을 나야 하겠구나. 혹은 수레를 타고 혹은 또 배를 저어, 저 구불구불한 깊은 골짜기를 찾아가고 또는 높고 낮은 오르막길로 언덕을 지나서 산수의 경치를 즐기리. 나무들은 흐드러지게 생기가 돋아 꽃이 피려 하고 샘은 퐁퐁 솟아 물이 넘쳐흐른다. 만물은 때를 얻어 즐기는데, 나의 생명은 갈수록 끝이 남을 느끼게 되는구나.

형체를 세상에 붙임이 다시 몇 때나 되겠는가. 어찌 마음에 맡겨 가고 머무는 것을 자연에 맡기지 않는가. 어찌 황황히 어디를 가고자 하는가. 부귀는 나의 원하는 것이 아니며, 선국仙國은 기약하지 못하리라. 좋은 시절을 알아서 혼자서 가고 혹은 지팡이를 세워 밭에 김 매고 흙을 북돋운다. 동쪽 언덕에 올라 노래를 부르고 청류淸流에 임하여 시를 짓는다. 얼마 동안 자연의 조화를 따르다가 마침내 돌아가면 되는 것이니, 천명天命을 즐기면 그만이었지 무엇을 의심하랴.

공자를 비판한 반골문인 이지

이지李贄(卓吾)는 학자로서 신념 때문에 스스로 목숨을 끊지 않을 수 없게 된 중국 사상 매우 특이한 이단적 사상가였다. 외적이나 폭군에 항거해서 목숨을 잃은 것이 아니라 경직된 유교윤리와 전통적인 도덕관, 우상, 그리고 위선에 대항해서 이를 철저히 부정하고 감연히 자기의 독자적이고 분방한 비판적인 신념을 굽히지 않다가 권력의 박해로 목숨을 버린 것이다.

서양에서 브루노가 지동설을 주장하다가 화형을 당해 숨지게 되는 시기와 거의 같은 무렵, 동양에서는 이지가 자유사상을 제기했다가 제 손으로 생명을 끊어야 하는 형벌을 받았다. 대부분의 사람들은 브루노의 학설과 수난은 알아도 이지의 사상과 고난은 잘 알지 못하고 있다. 지식의 서양 편협성이 심한 교육 탓이다.

이지는 지금의 푸젠성福建省 진장晉江에서 태어났다. 1527년이므로 조선에서는 임진왜란이 일어났을 무렵이었다. 그 시대는 정치적으로 강력한 전제정치가 구속력을 잃어가고, 사상적으로 주자학도 양명학에 의해 근본적인 도전을 받고 있을 때였다. 이에 따라 사상과 문화예술 부문에서 자유로운 낭만적 분위기가 고조되었고, 특히 서양으로부터는 마테오리치Matteo Ricci가 베이징北京에 최초의 가톨릭교회를 세우는 등 동서 문화의 접촉도 차츰 활발해지고 있었다. 이러한 시대적 분위기의 영향을 깊이 받았고, 반대로 그러한 분위기 형성에 가장 큰 역할을 하면서 이지의 비판 활동과 수난의 생애는 시작되었다.

그의 가계를 보면 조상이 해외무역 혹은 역원譯員으로 활동한 적이 있으며, 4대조는 역관으로서 일본과 유구 등의 입공사入貢使를 인도했으며 사신이 되기도 했다. 조부는 거상巨商으로써 무역에 종사했고 중동 무역에 진출하기도 했다. 그의 집안은 대대로 회교를 믿었으며 부인 역시 회교도로 알려지고 있다. 이지 스스로 어릴 때부터 말하는 기세가 세어 교화되기가 어려웠고, 도道, 불佛, 선仙 등 어느 것도 믿지 아니하여 도인을 미워하고 승려도 미워했으며 도학 선생은 더욱 싫어했다고 적고 있다.

어려서부터 공부를 많이 한 그는 26세에 향시에 합격했고 34세에 남경 국자감박사, 36세에 북경의 국자감에 올랐으나 가정은 곤궁을 면치 못했다. 곧 부친상을 당해 관직을 물러나야 했다. 이처럼 관리로서의 출세가 늦은 것은 그의 올곧은 성품과 남다른 능력 때문이었다. 명조 말기의 부패한 조정의 기강은 뇌물과 아첨 없이는 승진이 불가능한 상태였다. 윗사람에게 아첨하지 않고 뇌물을 주고받지 않는 그로서 출세를 바랄 수 없었다. 그는 훗날 '오직 뇌물을 받지 않음으로 하여 온갖 고생을 해서 일생 동안 겪은 불운은 이 땅덩어리를 먹으로 갈아서 쓴다 해도 다 못쓸 것'이라고 토로하기도 했다.

그는 50세까지 대단치 않은 한직 생활을 했다. 윈난성雲南省 야오안姚安의 지부知府, 즉 지방장관이 그의 마지막 관직이었다.

그의 사생활은 무척 청빈했다. 장녀는 흉년에 고생으로 쇠진했으며, 둘째와 셋째 딸은 먹을 것이 없어서 굶어죽었다. 그는 불의와는 철저하게 벽을 쌓고 공과 사를 엄격히 가르치면서 살았다. 관직에 있으면서도 구차스런 절차에 구애받지 않고 간편 실질을 위주로 했으며, 심지어는 불사佛寺에서 공무를 처리하는 등의 분방함이라고 할까, 무궤도하다고 할까 하는 행동을 서슴지 않으며 일생을 살았다.

그의 비판정신은 경직된 유학사상의 도전으로부터 시작된다. "50세 이전까지는 남이 하는 대로 공자를 높이고 성현의 가르침을 열심히 읽었지만 이제 보니 다른 개가 짓는 소리에 따라짖는 한 마리의 개에 지나지 않았다"고 말하고 '공자가 아니면 아무것도 안 된다는 식의 생각'을 비판하면서, 그렇다면 공자 이전에는 사람 노릇을 못했을 것인가 라고 의문을 제기했다. 그는 공자상像에 대해서도 도그마적인 공자, 유학을 비판했다.

사람들이 공자를 대성이라 하므로 나 역시 대성이라 생각한다. 노老와 불佛을 이단이라 하므로 나 역시 이단이라 생각한다. 사람들은 참으로 대성과 이단을 아는 것이 아니라 부사父師의 가르침을 들은 바에 익숙한 것이며, 부사가 참으로 대성과 이단을 아는 것이 아니라 유선儒先의 가르침을 듣는 바에 익숙한 것이며, 유선 역시 참으로 대성과 이단을 아는 것이 아니라 공자의 이 말이 있기 때문이라.

서양에서 브루노는 그리스도교의 획일과 전제성을 비판했다가 화를 입었다. 마찬가지로 이지가 공자를 비판한 것은 그 시대에는 생각할 수 없는 이단이며 반역에 해당되는 도전이었다. 그는 64세에 도학가들의 위선을 폭로한 『분서焚書』라는 책을 써서 보수적인 사람들로부터 좌도혹중左道惑衆의 이단으로 몰렸다.

그의 저서에는 『장서藏書』『구정이인九正易因』『세설신어신世說新語神』 등 모두 1백25권이 있다. 그 가운데 출간 당시는 물론 청나라 건융 시대에도 금서로 지목된 책은 『분서』 8권과 「세기世紀」「대신전大臣傳」「외신전外臣傳」 등 열전 60권을 포함하여 모두 68권이다. 전국 말부터 원년까지 1천여 년간 역사의 인물 8백여 명을 들어 독특한 사안에 따라 종횡자재하게 평전한 사전史傳이다.

이지는 『세기열전총목전론世紀列傳總目前論』에서 "인간의 시비에는 처음부터 정론이 없다. 인간은 인간을 시비하는 데도 또한 정론이 없다. 그렇다면 오늘의 시비는 이지 한 사람의 시비라 해도 좋고, 천만세 대현대비의 공시비公是非라 해도 좋다"고 전제하고 세인이 공자의 시비, 즉 유학적 명분론에 얽매여 개인적 비평안을 지니지 못한 우열을 비웃는 등 독자적 비평으로 세인들의 주목을 끌었다.

그의 사상 가운데 특히 주목되는 것은 인간 평등과 여성 해방 사상이었다. 그는 전통적인 유교 윤리를 전면적으로 거부하면서 인간 평등과 여성 해방을 주장했으며 자기가 믿는 바를 온몸으로 실천하는 지식인이었다.

그는 사회의 인간관계를 평가함에 있어서 친구간의 관계나 부부관계를 그 당시 가장 상위의 가치로 취급했던 군신의 관계보다 우위에 놓았다. 교조화된 유교 윤리에 대한 그의 거부는 대단했다. 특히 유교 윤리의 형식을 몹시 싫어했다. 사회윤리나 진리 등에 대한 그의 태도는 '배고픈 사람은 좋고 나쁜 음식을 선택할 여지가 없는 것처럼 도道를 추구하는 사람도 공자나 노자 또는 석가의 특정한 것만을 택할 필요는 없다'는 주장이었다. 때문에 그의 실용주의적 합리성은 의리에 충실했던 사람들보다 국가와 사회 및 민중을 위해 실리와 공적을 쌓는 사람들을 크게 찬양했다.

여성 해방 사상에 남다른 선각적인 식견을 가졌던 그는 인간의 최고 지선의 가치를 부부관계에 두었다. 인간의 기원에 대해 '부부는 인간의 시작이며 … 천지는 곧 한 부부이다'라고 전제하고 '처음에 사람이 날 때 오직 음양의 이기二氣와 남녀의 이명二命만 있었으며 부부관계의 태화 천지에 합치되는 것'이라고 설명했다.

그는 사대부의 딸과 부녀자들에게 글을 가르쳤고 남자들과 동석시켜 강의하기도 했다. 특히 후베이성의 사찰에서 여성들에게 학문을 가르쳐 사회적 물의를 빚기도 했다. 이 때 친구의 딸이 남달리 영특하여 가끔 칭찬한 것이 외부에는 엉뚱한 소문으로 번져 지식인들로부터 패륜아라는 공격을 받기도 했다.

여성의 자유를 존중한 그는 저서 『초담집』에서 오륜 관계 가운데 「부부편」을 제일 먼저 취급했고 총론을 통해 부부관계를 모든 것의 시초라고 공언했다. 또 「여자가 도를 배우는데 그의 견식이 남자보다 부족하다는 데 대한 답서」라는 편지에서, 부인의 견식이 부족해서 도를 배울 수 없다는 견해를 맹렬히 비판했다. 그는 여자가 남자보다 열등한 것은 그들이 집안에서 여자를 교육시키지 않았기 때문이라고 반박했다. "세상에 남녀가 있다고 하면 옳지만 견식에 있어서 남녀의 차이가 있다고 하면 어찌 옳겠는가. 또 견식에 있어서 풍부하고 부족한 사람이 있다면 옳지만, 남자의 견식은 모두 풍부하나 여자의 견식은 모두 부족하다고 하면 이 어찌 옳겠는가"라고 반문하고 역사상 유명한 여인들의 예를 들어, 그들을 어떻게 설명해야 하느냐고 힐난했다.

그는 전한 무제 때의 과부 탁문군卓文君처럼 부모의 허락 없이 집을 나가 자유결혼을 성사시킨 여성을 높이 평가했고, 유교적인 중국 사회에서 유일하게 여성 황제였던 측천무후則天武后의 정치적 업적도 크게 찬양했다. 또 진나라 시황제도 천고千古의 으뜸가는 황제였다고 칭찬했고, 오대五代 때의 풍도馮道와 같은 절개 없는 인물을 칭찬했다.

이지의 혁명사상은 당시 유학자들에게는 이단이며 반역에 해당하는 파격적인 내용이었다. 그는 중국을 통일한 진 왕조 말기의 혼란 시기 때 '왕후장상이 어찌 그의 종자가 따로 있겠느냐'는 만민평등의 기치 아래 중국 최초의 농민반란을 시도한 진승陳勝을 필부수창匹婦首昌이라 하여 '옛날에 없었던 일'이라고 높이 평가했다.

그는 도학가 학자들을 사정없이 비판했다. 당시 도학가에 대한 비판은 바로 체제에 대한 비판이요 도전행위나 마찬가지였다. 그런데도 "지금의 주자학자들은 죽일 사람들이다. 모두 도덕을 입에 담고 있으나 마음은 고관에 있고 뜻은 거부巨富에 있다. 겉으로는 도학을 한다고 하지만 속으로는 부귀를 일삼으며 행동은 개나 돼지와 같다"고까지 극언했다. 실제로 만나는 사람들의 면전 앞에서 이런 비난을 서슴없이 퍼부었다.

이지의 기본적인 사상체계는 양명학陽明學이었다. 주자학과 양명학은 다같이 봉건 철학인 성리학이었지만 주자학의 결과론에 대해서 양명학은 동기론을 강하게 내세운다는 차이가 있다. 이지는 양명학으로 개종하면서 차츰 극단적인 경향으로 쏠리기 시작했다. 그는 양명학의 근본 문제를 터득하기 위해서 선종禪宗을 가까이 하고 선승과 친교를 맺기도 했다. 62세 때부터는 아예 삭발하고 후베이성의 지불원에 들어가 살면서 승복으로 치장하고 제자들을 가르쳤다. 도연명처럼 은둔이 아닌 현실에서 반체제, 이단의 저항을 생활화시킨 것이다.

만년에는 서양 신부인 이마보를 몇 차례 만나 이슬람교에 대한 지식을 취득하는 등 그야말로 기행과 이단적인 일을 서슴지 않았다. 그는 자기 책이 나오면 불살라질 것이라고 예언하여 책 이름을 『분서』라 했고, 또 책을 저술하더라도 햇빛을 보지 못한 채 매몰될 것이라고 하여 『장서藏書』라고 이름 지었다. 실제로 그의 책들은 분서가 되고 장서가 되어 그의 예언이 적중되었다.

중국에서는 아무리 반골적이고 이단적인 사람이라 해도 죽이는 일은 별로 없었다. 정적에 대해서도 처형보다는 유배나 투옥에 그치는 것이 관례였다. 그러나 이지에 대해서는 사정이 달랐다. 그의 저항과 이단적인 행동이 워낙 심했던 것도 원인이었겠지만 그로부터 비난받고 매도되어 온 권력자들이 그만큼 많았다. 그를 방치했다가는 자칫 주자학 자체가 근저에서부터 흔들리게 될지 모른다는 위기감에서 극형이 가해졌다.

이지의 저술과 강학, 기행에 놀란 조정에서는 그를 탄핵하는 사람이 늘어났다. 조정 대신들이 그를 '유교의 반역아'라고 매도하고 나선 것이다. 마침내 이지는 1602년 유학자 장문달張問達로부터 다음과 같은 탄핵을 받았다.

이탁오는 장년에 벼슬했으나 만년에는 머리를 깎고 중이 되어 여러 책을 지어 민심을 현란케 했고 공자의 시비조차 믿을 바 못된다고 하여 망녕되고 허황됨이 말할 수 없으니 그 책들은 태워버려야 한다. 더욱이 그는 방자한 행동을 하여 불량배와 더불어 절간을 돌아다니고 기녀를 끼고 백주에 함께 목욕하고 유부녀를 끌고서 절에 가서 강법함으로써 이부자리를 갖고 가서 유숙하는 자까지 생겨났다. 그런데도 소인小人들이 그의 미치광이 같은 방자함에 끌려서 서로 선동하고, 근래에는 사대부들까지 그를 따르는 자가 있으니 만약 그가 일단 베이징으로라도 들어오는 날이면 더욱 소란해질 터이다. 그를 잡아서 치죄하고 그의 책을 찾아내어 모조리 불태워야 한다.

탄핵받은 이지는 베이징 교외의 통주에서 체포되었다. 하지만 옥중에서도 그는 평소와 다름없이 태연히 책을 읽고 사색했다. 신념에는 아무런 변함이 없었기 때문에 변명할 생각도 하지 않았다. 그러나 노령으로 심한 고초를 겪다보니 병을 심히 앓았다. 거의 매일 병마의 고통에 시달렸다. 그러던 어느 날, 삭발해 주기 위해 찾아온 시자侍者의 면도칼을 빼앗아 목을 찔러 자결했는데, 그의 나이 75세였다.

그의 일생은 저항과 이단으로 일관한 풍운의 생애였다. 관료 생활을 하는 동안 이르는 곳마다 상사와 마찰을 빚었다. 충돌 원인은 공정하지 못한 상관을 비판한 데서 비롯되었다. 그리고 도학을 싫어하여 도학자를 조롱했기 때문이었다. 또 이단이라고 비난하는 세상 사람들에 대해서도 삭발한 승려의 모습을 보이는 등 자극적인 행동을 일삼았고 결백증적인 기질과 여기에서 생겨나는 고독, 그리고 양명과 용계로부터 받는 반주자학적 입장의 철저함, 유교 윤리에서의 일탈 등이 마침내 탄핵을 받은 것이었다.

앞에서도 언급했지만 이지는 '사람에게는 사람다운 쓸모가 저마다 있다'는 인간주의를 표방하여 전통적인 인간계급설을 부정하고 동심설動心說을 중심으로 진심에 위반되는 위선을 비웃었고 정통과 권위에 도전하는 아웃사이더 노릇을 자임했다. 그는 당시 유학사상이 천시하던 상공업을 찬양하고 남녀 평등을 주장했으며 관료의 형식주의를 배격하는 실용위주의 선각적 사상가이기도 했다.

한마디로 이지는 밖으로만 잘 가꾸며 사람들이 좋아하도록 하는 데만 힘쓴다는 뜻의 '식치우외무이열인飾致于外務以悅人' 여덟 글자를 신념과 행동의 준거로 삼아 권력과 도학자들의 허위와 독선을 질타하다가 그들에 의해 희생된 진리의 순교자였다.

북경대학의 후외노候外盧 교수는 『중국철학사』에서 그의 저항정신에 대해 다음과 같이 분석하고 있다.

그들은(도학자, 권력자 : 필자주) 보이는 곳에서는 도학을 하고 뒤로 돌아서면 부귀에 열중한다. 우아한 옷을 입고 행동은 개나 돼지처럼 한다. 참된 재주와 실속 있는 학문이 없으며 무재무학한 무리들로서 성인들의 도道 강의를 배워 명예만을 추구하며, 이것을 이용하여 부귀할 수 있는 자본으로 삼는다. 그들은 교묘한 투기로 바람 부는 대로, 방향타가 가리키는 대로 가면서 자기의 이로운 목적을 위해 남이 자기에게 청탁할 때는 '만물일체'의 설을 내세워 다른 사람의 방조를 얻고, 혐오와 원망을 피하기 위해 '명철보신' 설을 끌어다가 남에게 촉탁받는 것을 싫어하고 남에게 미움 사는 것도 싫어한다. 옛말을 이리저리 돌려 교활하게 이용하는 것도 싫어한다. 그래야만 도학이 탐구될 수 있는 것이라고 돌려댄다. 그들은 별일이 없을 때는 공손하게 머리 숙이고 바르게 앉아서 약간의 간사함을 배우며, 약간의 '양지良知' 등의 말을 익혀 높은 벼슬과 이득을 얻고자 한다. 일단 나라에 무슨 일만 있으면 서로 얼굴을 엿보면서 매몰차게 안면을 바꾸고 심지어 서로 책임을 전가하는 것을 능히 명철한 것으로 여긴다.

후 교수는, 이지가 이러한 속유俗儒들이 사회개혁의 길을 차단하고 있다고 통탄하면서 스스로 개혁을 주창하다가 권력의 박해로 스스로 자결하여 마지막 저항의 길을 택한 것이라고 했다.

고려 무인정권기의 문인

칼날에 쫓겨난 문인들

수천 년의 인류 역사에서 붓이 칼에 짓밟힌 경우는 너무나 흔하다. 어느 의미에서 세계사는 칼이 붓을 꺾는 도정이라 해도 지나치지 않을 것이다. 진나라 시황제의 분서갱유焚書坑儒와 로마 네로 황제의 그리스도교인 학살부터 일본 군국주의와 독일 나치즘, 러시아 스탈리즘의 광기에 의한 지식인 탄압에 이르기까지 세계사는 폭력에 의한 문인의 수난사로 점철되었다.

우리 역사도 예외는 아니었다. 고려 무인정권시대, 조선왕조의 연산·광해군시대, 그리고 일제 강점기와 해방 후 군사독재 30여 년 동안 지식인이 탄압받고 수난을 겪는 문민 암흑시대였다고 해도 지나치지 않다. 특히 고려 무인정권기의 문인 탄압은 '탄압'이란 표현이 부적절할 정도로 가혹했다. 무인들은 쿠데타를 일으키면서 '문관文冠을 쓴 자는 서리胥吏라도 남김없이 죽이라'고 하여 문인의 씨를 절멸시키려 들었다. 실제로 몇 번의 집단 살해사건으로 문관이 절멸되다시피 했고 3경三京, 4도호四都護, 8목八牧으로부터 전국의 군현郡縣, 관館, 역驛의 말단에 이르기까지 모든 관직에 문인 대신 무인이 임용되었다.

이런 '변고'가 발생하게 된 데는 그럴만한 연유가 있었다. 고려 태조시대의 강건하고 질박했던 기상이 광종 때부터 인재를 뽑는 과거제로 바뀌면서 문신을 숭상하고 무신을 경시하는 숭문천무崇文賤武 풍조에 빠져들었던 것이다. 이에 따라 무신들은 문신 본위의 조직에 반감을 갖게 되고 신분 차별과 학대가 심해지면서 쿠데타로 신분 해방을 결행한 것이다. 무인정권 1백 년 동안 문인들은 동양적 관인의 신분이 아닌 무신집권자 문객門客의 사인私人으로 전락했다. 고려 최고의 문인으로 추앙받으며 문하평장사門下平章事란 재상의 지위에까지 올랐던 이규보李奎報에게 '최가(최충헌 가문)의 문객'이란 평가가 나온 것도 이 때문이다.

무신정권 이후에 나타난 문인 지식층의 동향은 크게 나누어 네 갈래로 분류할 수 있다.

첫 번째 부류는 무신난 초기에 도피하여 머리를 깎고 중이 되어 산천을 방랑하거나 벽촌에 정주하면서 세상이 달라진 후에도 끝내 환속하지 않고 일생을 마친 신준申駿, 오생悟生과 같은 사람들이다. 두 번째 부류는 무신난 초기에 피신했으나 유관儒冠을 버리지 않고 지방에서 유학을 닦으면서 처사處士 생활로 일생을 보낸 권돈례權敦禮와 같은 인물이다. 그는 신준, 오생과 함께 세상에 명성이 널리 알려져 선망의 대상이 되었다. 세 번째 부류는 무신난 초기에 피신했다가 세상이 달라진 후에 개경으로 돌아와서 관직을 구했으나 여의치 않아 불우한 일생을 보낸 임춘林椿과 같은 인물이다. 그는 개국공신의 후예였지만 끝내 뜻을 펴지 못한 채 삶을 접었다. 네 번째 부류는 무신정권에 의해 임용되거나 과거로 등용되어 최씨 집안의 문객이라는 평을 듣게 된 이규보, 최자崔滋와 같은 유형의 인물들이다. 이 부류의 문인들이 최씨 무인정권과 결탁하여 이후 고려 사회를 이끈 문사, 지식인의 주류가 되었다. 이들에 대한 최씨 정권의 보호 육성책은 문사들을 아첨, 타협, 왜곡, 어용, 기회주의의 인물로 만드는 계기가 되었다. 군사정권시대 당시 우리 지식인들의 문약성과 기회주의, 권력지향성이 바로 이 행태에서 비롯되었음은 짐작하기 어렵지 않다.

당시 문인들의 경우 초기에는 쿠데타 세력에 맞아 죽거나 멀리 피신하는 길밖에 달리 선택의 여지가 없었다. 조정에서 주요 관직을 독차지하며 벼슬을 하던 다수의 문인 관리들이 무인들의 폭거로 떼죽음을 당했다. 용케 살아남은 자들은 깊은 산중이나 바닷가, 벽촌으로 은신했다. 사회참여와 생존권이 전면적으로 위협받는 상황에서 어쩔 수 없는 선택이었지만 이들의 행적은 오랜 문민 우선의 특혜를 누려온 전통으로 보아 너무 나약하고 현실 도피라는 비판 또한 면하기 어렵다.

권력을 지향한 이규보

쿠데타 초기에 문인의 씨를 말리고자 했던 무인들도 시일이 지나면서 차츰 사정이 바뀌어갔다. 무인들만으로는 국사가 제대로 운영되기 어려웠고 몇 차례의 숙청으로 문인들은 이미 재기불능 상태여서 이들에 대한 경계심도 크게 완화되었다.

무인 지배자들은 그 동안 권력 쟁탈을 거듭한 끝에 마침내 최충헌에 의한 최씨 정권이 60여 년간 유지되는 일문세가—門勢家의 안정기에 접어들었다. 최충헌은 다른 무인 집권자들에 비해 비교적 문인에 대한 아량이 넓었고 스스로 이들과 어울리는 것을 자랑으로 생각하는 등 다소 트인 권력자였다. 하지만 그의 문인 우대정책은 어디까지나 자신의

권력에 문인들을 예속시키려는 것이었을 뿐 문인들의 독자적 창작활동이나 비판활동을 보장하는 것은 아니었다. 어디까지나 수족으로 두려는 전략상의 변화일 뿐이었다.

최충헌은 1207년(회종 3) 자신의 신축 별장인 모정茅亭으로 당시 명유名儒로 알려진 이규보를 비롯하여 이인로李仁老, 이공로李公老, 김양경金仁鏡, 이윤보李允甫 등을 초대하여 시회詩會를 열었다. 이규보는 이 자리에서 최충헌을 가리켜 '경천위지經天緯地하는 인물로서 정책定策한 국로國老는 좌명佐命의 대신'이라 추앙하는 「모정기茅亭記」를 써서 벼슬을 얻었으며 이 글을 정자의 현판으로 새겨 걸게 했다. 그런 다음 '시 한 수를 바치고 벼슬 하나를 얻는다'는 세평이 나돌 만큼 권력자에게 아첨하여 재상의 지위에까지 올랐다.

조선조의 학자 서거정徐居正은 '동방의 시호詩豪는 오직 이규보뿐'이라고 평가했고 이규보의 제자 최자는 '해와 달 같아서 극히 칭찬할 수도 없다'고 격찬했다. 또 당대의 참여 문사들은 무정자無情者(몽고인)

몽고 침략으로 수도를 강화도로 옮기면서 쌓은 강화산성

까지도 감동시켰다고 했고 적선謫仙의 일기逸氣가 만상 밖에 서 있는
것 같다고 추앙했다.

　그러나 이규보는 40대까지 관직에 나가지 못하고 불우한 한인 생활
을 하면서 틈만 나면 권문세가 주변을 서성이며 무신들을 찬양하는 시
를 지어 권력을 동경한 권력 지향자였다. 청년 시절에 입경하여 많은
문인과 승려들과 교제하면서 벼슬얻기에 열을 올렸다. 이 무렵 그가
지은 '무관탄無官嘆'이란 시는 그의 심경을 잘 드러내는 글이다.

　언제나 벼슬이 없어
　사방으로 걸식함을 즐기는 바 아니다
　날 보내기 지루함을 면하고자 함이라
　아, 인생 일세 받은 운명 어찌 이리 괴로운가

이규보는 벼슬이 없는 자신의 처지를 탄식하며 초조함과 비탄을 노래했다. 다수의 문인들이 은둔생활을 할 때, 그는 유독 권력에 연연한 자세를 보였던 것이다. 그러던 중 마침내 기회를 잡은 것이다. 최충헌이 문인들을 불러 권세를 뽐내고자 연 시회에 초청받았고 그 자리에서 뛰어난 시재詩才로써 권력자를 기쁘게 하는 글을 지어 인정을 받았다.

당시 고려는 몽고의 침략으로 강화도로 천도할 만큼 국운이 위태로운 지경이었다. 이 무렵, 이규보는 최충헌, 최이崔怡 부자야말로 국가의 간성이며 민족의 지주라고 부추기면서 권력의 핵심에 끼어들었다. 이규보는 강화도를 마지막 보루로 해서 몽고에 대한 장기 항전을 지휘하는 최씨 정권을 앞장서서 지지하고 찬양했던 것이다. 일찍이 자신을 추종하며 권력을 미화해 주는 문사를 멀리하는 권력자는 없었다.

당시 최씨 정권의 강화도 천도 계획에는 다수의 백성이 동조하지 않았을 것이다. 해전에 약한 몽고군과의 장기전이라는 전략상의 이점에도 불구하고 백성을 저버린 채 외딴 섬으로 피난하는 조정에 대해 비난했을 것이 분명했다. 그러나 이규보는 최씨 정권을 따라 강화도로 가서 이를 지지하는 글을 쓰면서 최충헌 부자의 항몽전을 격려했다. 「망해인추경천도望海因追慶遷都」란 시는 이 때 쓴 글이었다.

천도란 예부터 하늘 오르기만큼 어려운 건데
공 굴리듯 하루아침에 옮겨 왔네
청하淸河(최이)의 계획 그토록 서둘지 않았더라면
삼한은 벌써 오랑캐 땅 되었으리
백치白雉 금성金城에 한 줄기 강이 들렸으니
공력을 비교하면 어느 것이 나은가

천만의 호기가 새처럼 난다 해도
지척의 푸른 물결 건너지는 못하리
강산 안팎에 집이 가득 들어찼네
옛 서울 좋은 경치 이에 어찌 더할손가
강물이 금성보다 나은 줄 안다면
덕이 강물보다 나은 줄도 알아야 하리

청담파 지식인들

무인정권에 출사한 대표적 어용지식인으로 이규보와 최자, 금의琴儀
가 있었다면 청담파적淸談派的 사상에 기운 문인들도 적지 않았다. 세
상에서는 이들을 '강좌칠현江左七賢'이라 불렀다. 중국 진나라 시대의
죽림칠현에 비견한 것이다. 그들은 이인로, 오세재吳世材, 임춘林椿, 조
통趙通, 황보항皇甫抗, 함순咸淳, 이담지李湛之였다. 이들은 나이가 많
고 적음을 따지지 않고 교우한다는 뜻의 '망년우忘年友'라는 동우회를
만들어 술과 시로써 시름을 달래며 세상을 개탄하면서 고고한 생활을
자족했다.

이규보도 일찍이 이들과 교우한 일이 있었다. 오세재가 사망하자 이
담지는 이규보에게 참여할 의향이 있는지를 물었다. 그러자 이규보는
다음과 같이 답했다. 그가 지은 『백운소설白雲小說』을 보자.

선배들 가운데 문명文名이 있는 사람이 일곱 명이 있는데, 스스로 당시의
호기 있는 존재라 생각하여 7현이라 자처했다. 이것은 진나라의 죽림칠현
을 추모한 데서 나온 것이다. 서로 만날 적마다 술을 마시고 시를 짓고 하
며 방약무인한 태도였으므로 세상 사람들이 그들을 비방했다. 그 때 내 나

이 겨우 열 아홉이었는데, 오세재가 나이를 따지지 않고 평교平交하기를 허락하여 번번이 그 모임에 데리고 가 주었다. 그 후 오세재가 동도東都에 갔는데, 그 뒤에도 나는 그 모임에 갔었다. 이담지가 나를 보고 말했다.

"오세재가 동도로 가고 돌아오지 않으니 그대가 대신할 수 있을까."

나는 즉시 이렇게 답했다.

"7현이 조정의 관작이어서 빈 자리를 채운단 말이오. 혜강, 완적(죽림칠현의 일원)이 없어진 후에 그들의 자리를 이어받았다는 소리는 듣지 못했소."

좌중의 모든 사람이 크게 웃으면서 내게 시 한 수를 지으라고 하면서 춘春과 인人이란 두 글자를 짚어주었다. 나는 즉시 다음과 같은 시를 지었다.

'영광되이 대나무 아래 모임에 참석하여 통쾌하게 동이 속봄 술을 기울인다. 모르겠나니 7현 중에는 누가 속시를 꿰뚫은 사람인가.'

좌중의 모든 사람이 부끄러워하는 기색이 있어 곧 오연히 대취하고 나와 버렸다. 내가 젊었을 때 광기가 이러했으므로 세상 사람들은 나를 광객이라고 지목했던 것이다.

이 글을 읽으면 무인들의 패악에 쫓겨 죽림에 묻혀 사는 청담과 식자들의 호의를 '광기'라고 매도하는 이규보의 태도에서 시세를 탐하고 권력을 지향하는 자세가 어느 정도인가를 알 수 있다. 물론 이규보는 국난기에 권력자들을 도와 나름대로의 역할을 했고 『동명왕편東明王篇』과 같은 시와 『대장경조인 사업에 즈음한 군신기고문』 등 민족문화사에 길이 남을 업적을 남겼다. 그러나 지식인이 비판성을 잃고 권력을 추종하는 문약한 전통을 남긴 것은 두고두고 부끄러운 일로 기록될 것이다.

20세기 한국의 저항 언론인

지금으로부터 1백 년이나 2백 년 또는 5백 년쯤 후를 가상해 보자. 그 때 역사가들이 '20세기의 한국사'를 집필한다고 할 때, 가장 먼저 기록할 인물은 누구일까. 필자는 함석헌咸錫憲이 아닐까 생각한다.

20세기의 한국사는 봉건왕조와 일제 식민지시대를 거쳐 분단, 미군정, 건국, 동족상잔, 독재정권, 4월혁명, 군사쿠데타, 민주화운동, 광주학살, IMF사태, 수평적 정권교체, 남북 화해협력 등 다른 나라에서 한 세기에 하나를 겪을까 말까 하는 사건들을 몽땅 겪으면서 살아왔다. 따라서 애국자와 매국노도 많았고 의사, 열사, 지사라는 칭호를 받는 인물도 많았다. 또 정치인, 경제인, 문화예술인, 인권운동가, 석학 등 수많은 인물들이 한 세기를 주름잡았다. 그 많은 인물 중에서 20세기의 한국을 대표할 만한 첫 번째 사람이 함석헌이라고 하면 이의를 제기할 사람도 있겠지만 동의할 사람도 많을 것이다.

우리말 주체성부터 강조한 함석헌

함석헌을 이해하는 사람은 함석헌 하면 '씨올'을 먼저 떠올릴 것이

민民이 주인이 되는 시대에 주인의 의미를 밝히는 용어부터 새롭게 쓰자고 강조한 함석헌

다. 그는 1970년대 이전까지는 '씨올'이란 말 대신 민중, 민초, 시민, 백성 등의 용어를 사용했다. 그러다가 1970년 「씨올의 소리」를 창간하면서부터 '씨올'이란 용어를 쓰기 시작했다. 그 창간호에 게재된 씨올 철학을 보자.

씨올이란 말은 씨라는 말과 알이란 말을 한데 붙인 것입니다. 보통으로 하면 종자라는 뜻입니다. 종자는 물론 한문자의 종자種子에서 온 것입니다. 순전히 우리말로 하면 씨알 혹은 씨갓입니다. 아마 원래는 씨알인 것이 ㄹ이 ㅅ으로 변해서 씨앗이 되고 또 '아' 줄과 '가' 줄이 서로 통하는 수도 있기 때문에 씨갓으로 됐는지 모릅니다. 어쨌건 종자라는 말인데, 여기서는 그것을 빌어서 민民의 뜻으로 쓴 것입니다. 보통은 없는 것을 새로 지어낸 말입니다. 지금 민의 시대여서 우리는 늘 민이란 말을 쓰는 경우가 많습니다. 국민, 인민, 민족, 평민, 민권, 민생…입니다.

그런데 거기 맞는 우리말이 없습니다. 국國은 나라라 하면 되고, 인人은 사람이라 하면 되지만, 민民은 뭐라 할까? 백성이라 할 수도 있지만 그것은 백성百姓의 음뿐이지 순전한 우리말이 아닙니다. 이것은 사실은 내가 생각해 낸 것이 아니고 유영모 선생님이 먼저 하신 것입니다. 언젠가 대학 강의를 하시다가 '대학지도 재명명덕 재친민 재지어지선大學之道 在明明德 在親民 在止於至善'을 풀이하시는데 '한 배움 길은 밝은 속알 밝힘에 있으며 씨알 어뷤에 있으며 된데 머뭄에 있나니라' 라고 하셨습니다. 이제 오래 되어 말이 좀 틀린 데가 있는지 모르겠습니다만 하여간 민을 씨올이라 하셨습니다. 그래 그것이 참 좋아서 기회 있는 대로 써와서 이제 10년이 넘 습니다.

씨올이란 용어는 유영모가 '창안' 한 것을 함석헌이 생명을 불어넣 고 다듬어서 일반적인 대중용어로 만들었다. 그리고 잡지 이름에까지 이 용어를 붙였다. 그는 이 글의 말미에서 다음과 같이 씨올의 의미를 부여했다.

씨올보다 더 좋은 말이 있거던 고칠 셈치고 우선 써 봅니다. '민' 대로는 좋지만 민보다는 좀더 나가기 위해서 민은 봉건시대를 표시하지만 씨올은 민주주의를 표시합니다. 아닙니다. 영원한 미래가 거기 압축되어 있습니 다. 우리는 한 씨올입니다.

그는 자신의 생각을 보다 명쾌하게 정리하여 표지 뒷면에 게재했는 데, 그 전문은 다음과 같다.

씨올이란 말은 民, People의 뜻인데, 우리 자신을 모든 역사적 죄악에서 해방시키고 새로운 창조를 위한 자격을 스스로 닦아내기 위해 일부러 새로 만든 말입니다. 쓸 때는 반드시 씨올로 쓰시기 바랍니다. '알'은 발음을 알과 같이 하는 수밖에 없으나 그 표시하는 뜻은 깊습니다. 'ㅇ'은 극대 혹은 초월적인 하늘을 표시하는 것이고, 'ㆍ'은 극소 혹은 내재적인 하늘 곧 자아를 표시하는 것이며, 'ㄹ'은 활동하는 생명의 표시입니다. 우리 자신을 우선 이렇게 표시해 봅니다. 더 분명하고 깊고 큰 생각이 나시면 알려 주시기 바랍니다.

씨올은 선善을 혼자서 하려 하지 않습니다.

씨올은 너 나가 있으면서도 너 나가 없습니다.

네 마음 따로 내 마음 따로가 아닌 것이 참 마음입니다.

우리는 전체 안에 있고 전체는 우리 하나하나 속에 다 있습니다.

그는 씨올의 사상적인 의미를 다음과 같이 체계적으로 정리했다.

왜 民대로 두는 것보다 아직 좀 어색한 듯 하지만 씨올이라 하자느냐? 쉽게 가장 중요한 점을 따져 말해서 주체성 때문입니다. 민족주의나 국수주의를 주장하는 것 아닙니다. 民, people 하고만 있는 동안은 民의 참 뜻 people의 참뜻은 모르고 지나갈 것입니다. 그것은 우리말로 옮겨 보려 할 때, 즉 요새 토착화란 말이 많습니다만 토착화를 시켜 보려 할 때에야 비로소 그 뜻을 깊이 이해하게 됩니다. 말이 말만이 아닙니다. 낱말 하나 밑에 문화의 전 체계가 달려 있습니다.

그가 품고 있는 씨올의 의미를 살필 수 있는 대목이다. 우리말의 주

함석헌은 세상이 침묵할 때 감연히 나섰고 모두가 발언할 때 침묵을 지켰다.

체성, 다시 말해서 민이 주인이 되는 시대에 주인의 의미를 밝히는 용어부터 새롭게 쓰자는 주장인 것이다.

생각하는 백성이라야 산다

함석헌은 투철한 언론인이었다. 무엇보다 용기 있는 언론인이었다. 타락한 언론인들과는 달리 억압에 도전하고 민주화에 앞장서는 참 용기의 대표적인 언론인이었다. 사자 소리에 벌벌 떠는 하이에나 언론인이 아니라 사자를 향해 창을 던지는 용감한 언론인이었다. 세상이 침묵할 때 감연히 나섰고 모두가 발언할 때는 침묵을 지켰다. 가장 비겁한 지식인은 호랑이나 사자소리만 들려도 도망치고 노루나 사슴에게는 칼질을 하는 사람이다. 언론인도 마찬가지다.

신학자 칼 발트는 나치 치하에서 숱한 지식인이 침묵할 때 할 말을 했다. 하지만 2차대전이 끝난 뒤에는 침묵을 지켰다. 헝가리 사태가 일어나도 발언을 하지 않았다. 라인홀드 니버 *Reinhold Niebuhr* 가 이를 비판하자 발트는 "그때는 나치를 비판하는 사람이 적었다. 그러나 지금은 공산주의를 비판하는 사람이 많지 않느냐" 라고 답했다.

함석헌도 칼 발트와 비슷했다. 어디 그뿐인가. 참된 지식인은 말을 해야 할 때와 침묵해야 할 때를 가릴 줄 안다. 그는 식민통치가 엄혹했던 일제 말기에 「성서조선」지에 '성서적 입장에서 본 조선 역사'를 썼다. 보는 사람이 많을 때도 독자가 2백 명이 채 안 되는 잡지에 조선 역사를 집필하면서 '할 말'을 했다. 「성서조선」은 이 연재물까지 포함되어 일제의 압박으로 폐간되고 그는 1년간 미결수로 복역했다.

자유당 정권의 패악과 부패가 세상을 어지럽힐 때 「사상계」에 '생각하는 백성이라야 산다'는 논설을 썼다가 20일간 구금되었다.

그는 이 글에서 "전쟁이 지나간 후 서로 이겼노라 했다. 형제 싸움에 서로 이겼노라니 정말은 진 것 아닌가? 어찌 승전 축하를 할까? 슬피 울어도 부족할 일인데, 어느 군인도 어느 장교도 주는 훈장 자랑으로 달고 다녔지 '형제를 죽이고 훈장이 무슨 훈장이냐?' 하고 떼어 던진 것을 보지 못했다"고 질타했다. 동족상잔을 비판하는 대목이다. 냉전논리, 적대의식이 하늘을 찌를 때 이런 글을 쓴 것이다. 남들이 감히 엄두도 못내는 시절에 용기 있게 글을 쓰고 저항하다가 투옥된 참 언론인의 상징이요 참 용기의 교본이었다.

5·16 군사쿠데타가 일어나 문민정부가 전복되고 모든 언론에 재갈이 물리고 양심적 언론인이 줄줄이 형무소에 끌려갔다. 「민족일보」가 즉각 폐간되고 간부들이 체포되는 살얼음판 속에서 함석헌은 가장 먼

저 펜을 들었다. 5·16을 정면으로 공격하는 논설(5·16을 어떻게 볼까)을 「사상계」 1961년 7월호에 쓴 것이다.

아무래도 이 사람들이 총칼을 보고 겁을 집어먹었지, 겁난 국민은 아무 것도 못한다. 국민이 겁이 나게 하여 가지고는, 비겁한 민중 가지고는 다스리기는 쉬울지 몰라도 혁명은 못한다. 다스리기 쉽기야 죽은 시체가 제일이지. 시체를 업어다 산 위에 놓고 스스로 무슨 공이 있다 할 어리석은 사내가 없을 것이다. 그것은 공동묘지의 매장 인부 아닌가? …

붓으로 행동으로 유신독재에 저항한 삶으로 일관한 함석헌

선의의 독재란 말을 하지만 그것은 내용 없는 빈 말이다. 선의인데 독재가 어떻게 있으며, 독재거든 어떻게 선의일 수 있을까? 강간이 사랑일까? 정말 정치가는 민중을 맘대로 말을 시키는 사람이다. 그래야만 정말 민중을 알 수 있지 않는가? 말 못하게 하면 입을 닫고, 입을 닫으면 국민이 음성화 한다.

군사쿠데타의 서릿발이 천지를 짓누르던

시절에 이런 글을 써서 정치군인들에게 대든 언론인은 함석헌뿐이었다. 혁명을 한다면서 언로言路를 막아놓고서 무슨 혁명이냐는 준열한 비판이었다. 군사정부는 함석헌의 구속을 검토했지만 해외에 미칠 파장을 우려하여 구속하는 대신 글을 실은 「사상계」지에 압력을 넣어 고사시키는 전략을 썼다.

5·16을 향해 언로를 트고 언론자유의 틈새를 연 함석헌은 군사정권에 저항하면서 줄기찬 언론투쟁을 전개했다. 미 국무성 초청으로 외유중에 군정연장 소식을 듣고 즉각 달려와 '3천만 앞에 울음으로 부르짖는다' '왜 말을 못하게 하고 못 듣게 하나' '자유는 감옥에서 알을 까고 나온다' '민중이 정부를 다스려야 한다' '꿈틀거리는 백성이라야 산다' '매국외교를 반대한다' 등 백절불굴의 정신으로 춘추철봉을 휘둘렀다.

붓으로만 싸운 것이 아니었다. 군정 반대, 매국외교 반대, 3선개헌 반대, 유신철폐 투쟁, 민주회복운동을 위해 전국을 누비며 연설을 하고 데모의 앞장에 섰다. 그의 글이 값있고 무게가 따르는 것은 지행일치知行一致하기 때문이었다. 그는 늘 '글은 곧 사람文之人'이라고 말해 왔다.

그는 또 조직을 만들어 독재정권과 싸우기도 했다. 1971년 4월에 만든 민주수호국민협의회의 대표위원으로 선임된 것이다. 이 단체는 우리 나라 민주회복운동사의 첫 장을 차지하는 최초의 재야민주단체였다. 비정치적·비종교적인 사회단체로는 거의 독보적으로 반독재투쟁을 전개하는 초석이 되었고 나중에 민주회복국민회의로 발전하는 모태 역할을 했다.

함석헌이 직접 몸으로 반독재투쟁에 나선 것은 언로가 막히고 언론이 군사독재의 홍보물로 전락한 때문이기도 했다. 독재가 장기화되면서 신문과 방송은 자율성을 잃고 함석헌을 비롯한 비판적 지식인들은 지면을 봉쇄당했다. 어느 신문이나 방송에서도 그들의 글과 말을 올리지 못하는 상황이 되었다. 유일한 저항적 매체이던 「사상계」도 거듭된 세무사찰과 탄압으로 쇠락의 길을 걷고 있었다.

언론의 게릴라전을 제창한다

언론인이 지면을 빼앗긴다는 것은 농사꾼이 전답을 잃고 교사나 교수가 강단을 잃은 것과 마찬가지이다. 시국은 갈수록 험악해지는데 함석헌은 말할 수 있는 지면이 없었다. 유신체제의 등장과 함께 언론 사주들은 독재정권의 한 축이 되거나 기회주의자가 되어 자체의 비판적 기자들을 쫓아내고 외부 필진은 어용지식인들만 골라 글을 쓰게 했다.

이에 앞서 함석헌은 「사상계」 1967년 1월호에 '언론의 게릴라전을 제창한다'는 글을 썼다. 보통 정상적인 방법으로는 언론활동을 자유롭게 할 수 없는 상황이기에 게릴라 전술로 언론활동을 하자는 제안이었다. 게릴라전은 정규군이 역할을 하지 못하거나 특수 임무에 필요할 때 전개된다. 그러한 게릴라전이 언론계에 요구된 것은 한국 언론사의 부끄러움을 되새기게 하는 상징적 사건이었다.

게릴라전은 막강한 적에게 소규모 단위로 저항하는 전법이다. 언론의 게릴라전도 마찬가지다. 자신의 희생을 무릅쓰고 독재정권의 비리를 폭로하고 1단짜리 기사라도 양심적인 민주세력의 활동을 게재하며 '지하언론'을 만들어서라도 독재에 저항하라는 언론 게릴라전의 시대적 요구였다.

그러나 그의 목마른 외침은 빈산의 메아리로 그치고 말았다. 유신독재의 짓누름도 거세었지만 그들이 던져 준 빵조각이나 고깃덩이도 만만치 않았다. 그리고 긴 세월 길들여진 치욕의 시대를 살아오면서 침묵과 타협의 처세술을 익혀온 보신주의 언론인들이 게릴라로 활동하기에는 너무 배부르고 등이 따뜻했다. 특히 1974년 동아·조선의 젊은 기자들이 자유언론의 횃불을 들었다가 쫓겨나면서부터 이 땅에서 저항언론의 맥은 끊어지고 말았다.

언론의 게릴라전을 요구해도 반응이 없자 함석헌은 직접 게릴라가 되었다. 1970년 4월 19일 펴낸 월간 「씨올의 소리」는 바로 언론 게릴라전의 진지 역할을 했다. 1백 쪽 안팎의 '초라한' 이 잡지는 당시 한 줄기 양심을 대변하는 잡지였다.

초기에는 혼자서 거의 글을 쓰고 제작했다. 당시 칠십이 넘은 고령으로 일선 기자가 무색할 정도의 언론활동을 한 것이었다. 5월호까지 겨우 두 번을 내고 문공부에 의해 등록이 취소되었다가 10개월의 법정투쟁 끝에 다시 속간했다.

독재정권의 온갖 핍박을 한 몸에 받으면서도 7·4 남북공동성명이 발표되고 남북적십자 대표가 남북을 오가는 등 남북대화가 열리자 적극적인 발언을 했다. 「씨올의 소리」 지면을 통해 남북문제에 대한 해결방안과 국민의 열린 정신자세를 제시했다.

날라리 언론인들은 친여적이면 사안을 가리지 않고 무조건 지지하고 반정부적이면 사사건건 반대하는 속성을 갖는다. 이에 비해 함석헌은 군사독재를 칼날같이 비판하다가도 남북문제나 민족통일 문제에는 원칙적으로 이를 지지하는 금도를 보였다. 다만 민족 주체의 역량으로 남북문제를 다루고 통일을 달성해야 한다는 전제에서였다. 「씨올의 소리」 1971년 10월호에 쓴 '북한 동포에게 보내는 편지'를 보자.

하나이기 때문에 하나 되어야 합니다. 갈라진 이대로는 살 수 없고 산다고 해도 사람이 아닙니다. 남은 북을 믿고 북도 남을 믿고 일어섭시다. 빨리 일어설수록 좋습니다. … 민족통일은 곧 혁명입니다. 이것은 민족혁명만도 사회혁명만도 아닙니다. 그보다도 더 크고 더 깊고 더 새로운 혁명입니다. 쉬운 생각을 해서는 안 됩니다. 그런 각오를 못하거든 통일소리 하지도 마십시오. 그런 싸구려식의 통일론에 참여했댔자 야심가의 배를 불려주고 또 속아 전보다 더 심한 종살이를 할 뿐이지 아무 소득이 없습니다.

30여 년 전에 쓴 이 글은 지금 읽어도 감동을 준다. 참된 글이란 이렇게 시공을 뛰어넘는 것이다. 사심과 정파심에서 벗어나 공의공론公義公論을 펴기 때문이다.

송건호는 함석헌을 가리켜 타고난 언론인이었다고 평했다. 신문사 기자나 논설위원으로 일한 경험도 없고 잡지사 기자조차 한 일이 없지만 타고난 언론인이라고 하면서 다음과 같은 이유를 들었다.

첫째로 문장이 보통 언론인 이상으로 유려하고 평했다. 언론인과 비언론인을 구분하는 첫째 조건은 문장이 쉬운가 난삽한가에 달려 있다면 그의 문장은 놀라울 정도로 간결하고 또 쉽다.

둘째로 시대를 보는 눈이 매우 예리하다. 언론인과 비언론인을 구분할 수 있는 기준의 하나가 시대를 보는 눈에 달려 있다고 할 수 있다. 취재기자처럼 그날그날의 시사문제에 관심이 날카롭다는 것이 아니라 그 시대의 이면에 흐르는 사조를 꿰뚫어 보는 눈이 남달리 날카롭다는 주장이다.

필자는 여기에 용기와 역사의식을 추가하고 싶다. 앞서 지적한 대로 그는 말할 때와 침묵할 때를 가리는 용기 있는 언론인이었고 그 용기의 원천은 역사의식이었다. 역사의식이 없는 지식인의 용기는 사슴에 칼질하는 만용이거나 멧돼지의 저돌성일 뿐이다.

그는 본디 행동인이었다

함석헌의 생애를 추적하면 젊은 시절부터 투철한 행동인이었음을 알 수 있다. 3·1운동에 참여한 것을 필두로 일제 식민지 시절에 대부분의 지식인이 침묵할 때 그는 성서조선사건, 계우회사건, 독서회사건으로 여러 차례 투옥되었다. 실제로 행동하고 그 행동의 결과로 일제의 감옥에서 고난을 겪었던 것이다.

해방 후 신의주학생운동과 관련하여 북쪽에서 투옥되고 월남하여 이승만, 박정희, 전두환 체제에서 투옥되었다. 치열하게 저항하고 행동하다가 잡혀 들어간 것이다. 그의 고난의 대부분이 말이나 글 때문이라 할지 모르겠지만 직접 행동하고 저항운동에 나선 적이 한두 차례가 아니었다.

자유당 독재가 극에 이르렀을 때 충남 천안의 씨알 농장에서 단식하면서 저항했고, 1965년 굴욕적인 한일협정에 반대하여 14일 동안이나 삭발 단식투쟁을 벌였다. 1974년 11월 박정희의 유신독재에 저항하여 한국신학대 학생과 교수들이 삭발단식을 할 때, 이들을 격려차 방문했다가 거침없이 머리를 깎고 함께 단식하면서 독재정권에 저항했다.

유신체제가 더욱 강고해지면서 긴급조치를 통해 모든 비판세력에 족쇄를 채우고 개헌운동을 폭력으로 봉쇄시킬 때, 그는 분연히 일어나 독재정권에 저항했다. 1976년 3월 1일, 이 나라는 민주주의 기반 위에 서야 하며, 경제입국의 구상과 자세가 근본적으로 재검토되어야 하고 민족통일은 오늘 우리 겨레가 짊어진 최대 과업이라는 내용의 '3·1

민주구국선언'을 과감하게 발표한 것이다.

박정희 정권은 이 일을 정부전복 선동사건으로 몰아가면서 재야 지도급 인사들을 구속했다. 구속자가 함석헌을 비롯하여 18명에 이르렀다. 그는 이 사건으로 징역 5년, 자격정지 5년을 선고받았다. 하지만 1979년 3월 1일에는 범민주 진영의 연대투쟁기구로서 '민주주의와 민족통일을 위한 국민연합'을 결성했다. 산하에 한국인권운동협의회, 천주교정의구현사제단, 해직교수협의회, 자유실천문인협의회, NCC인권위원회, 민주청년협의회 등 13개 단체가 가입할 만큼 반유신 저항운동의 모태 역할을 했다. 이후에도 함석헌의 반유신 저항운동은 지칠 줄 몰랐다. 1979년 10·26 사태를 맞아 권력 내부에서 치열한 음모와 권력 쟁탈전이 전개되고 있을 때, 그는 11월 24일 '통일주체국민회의에 의한 잠정 대통령 선출 저지 국민대회'를 개최하고 유신철폐와 계엄령 해제를 요구하며 가두시위를 벌였다. 10·26사태로 계엄령이 선포된 이래 최초의 가두시위였다.

되돌아보면, 함석헌의 생애는 저항으로 일관했다. 펜이 요구될 때는 진짜 할 말을 했고, 제도권

저항이란 말은 영원히 살아남는다고 가르친 함석헌

언론이 봉쇄당할 때는 온몸을 던져 행동으로 독재 권력과 싸웠다. 언론이 압제자의 편이 되어 왜곡과 곡필을 서슴지 않을 때는 '언론의 게릴라전'을 제창하면서 직접 월간 「씨올의 소리」를 창간하여 독재세력과 싸우기도 했다.

그의 사상적 근저에는 노자와 장자의 무위사상, 기독교의 박애정신, 간디의 비폭력 평화주의가 뿌리 깊게 자리잡고 있다. 19세기 미국의 실천적 철학자 소로*Thoreau*의 자연주의와 비노바바데의 초월사상이 녹아들었지만 본바탕은 저항이고 투쟁정신이었다. 휘트먼*Whitman*의 시집 『풀잎』이나 셸리*Shelley*의 「서풍의 노래」에서 보이듯이 치열한 저항정신과 도전의식에서 삶의 본질을 찾고 고난의 가치를 깨우쳤다.

1989년 세상을 떠난 함석헌은 결코 유약한 선비나 사상가가 아니고 정신의 순례자는 더욱 아니었다. 이 세상의 모든 단어가 사라져도 저항이라는 말은 영원히 살아남을 것이라고 가르쳤던 함석헌이었다.

「사상계」와 장준하

큰 고기를 작은 그릇에 담기 어렵듯이 큰 인물을 작은 직업인으로 분류하기란 쉽지 않다. 신채호 같은 분은 독립운동가, 사학자, 언론인 등 여러 분야에서 활동했고 각 분야마다 최고의 경지를 이루었기 때문에 더욱 그렇다.

장준하張俊河도 비슷한 경우라 할 수 있다. 독립운동, 언론운동, 민권운동, 통일운동 등 전 생애에 걸쳐 민족이 요구하는 시대정신을 철저히 수행했다. 그리고 각 분야에서 항상 앞서 일가를 이루었다. 그러나 그가 일생 동안 가장 많은 시간과 정열을 바치고 업적을 남긴 곳은 역시 언론 분야라 하겠다. 짧은 광복군 시절에도 언론의 책임을 맡았고 해방 후 자유당 독재정권 치하에서, 그리고 5·16쿠데타 이후 장기화된 군사독재 시절에는 반독재 민주화 투쟁을 전개했다. 필자는 1993년 『민족주의자의 죽음』이란 책의 서문에서 다음과 같이 썼다.

일제 때는 항일 독립운동, 자유당 때는 「사상계」를 통한 민주주의 교육과 인권운동, 군사독재 때는 민주회복과 통일운동을 주도하면서 한 점 부끄럼이 없는 생애를 살았다. 장준하 선생의 올곧은 생애는 흙탕물 같은 우리 현대사의 연못에 핀 한 떨기 연꽃과도 같은 존재이다. 그는 민족이 식민지가 되었을 때 총을 들고 왜적과 싸웠고, 조국이 해방되었을 때는 붓을 들고 청년학생들에게 민주주의의 사상을 가르쳤다. 군사독재에 헌정질서가 짓밟히자 붓을 던지고 거리에 나서 민주화와 통일을 위해 싸웠다.

장준하는 남들이 안일을 택할 때 분연히 일어나 앞장서서 고난을 마다하지 않았고, 행동이 필요할 때는 몸을 던졌으며 붓이 요구될 때는 붓을 들었다. 수많은 조선 청년들이 일본군에 입대하여 '충용한 황군'이 되었을 때 장준하는 조선을 탈출하여 중경 임시정부를 찾아가 그곳에서 필사본으로 「등불」이란 잡지를 만들었다. 망명지 중국에서 26세의 청년이 광복군 교재용으로 잡지를 만든 것이다. 2호까지는 필사본이고 3~5호는 등사판으로 냈다. 그리고 「제단祭壇」이라는 등사판 잡지를 2호까지 발간했다. 그는 「제단」의 발간을 '나와 잡지'라는 글에서 다음과 같이 회고했다.

임무가 임무이니 만큼 우리는 모두 죽음을 각오하고 오직 조국 독립을 위해서 산 제물이 되겠다는 일념으로 훈련을 받고 있었기 때문에 뭔가 한 가

지 후세에 흔적 같은 것이라
도 남기고 싶은 생각으로 시
작된 것이 곧 그 잡지로, 제호
도 되도록 실감을 내기 위하
여 「제단」이라 하였다. 정말
우리는 유언으로서 하듯 그
「제단」을 통하여 해외에서 독
립운동을 하는 모든 선배들
의 단결과 행동통일을 강력
히 촉구 호소했다. 초판에 3
백 부를 찍어 이번에는 그 배
포처도 전의 「등불」보다 더
확대하여 멀리 미주에 있는
우리 독립운동의 제 기관에
까지 보냈다.

망명지에서, 그리고 귀국해
서는 부산 피난지와 서울에
서 「사상계」를 발간하며 민주
주의와 반독재 투쟁을 벌인
그의 피나는 고난의 역정은
당시 우리 민족이 처한 고난
의 축소판이었다.

1975년 민주회복세력 단결을 호소하는 장준하

장준하는 해방 후 광복군 출신의 정통성을 갖고 있었기 때문에 본인의 뜻만 있었으면 얼마든지 정부 요직에 참여할 수 있었다. 하지만 백범 김구의 비서로 환국하여 백범 노선을 따르다가 이승만이 집권하고 백범이 암살되는 등 민족세력의 좌절을 지켜보면서 정치나 권력을 버리고 언론을 선택했다. 그것이 월간 「사상계」의 발판이었다.

이 잡지의 발간 경위나 장준하가 겪은 고초는 잘 알려진 내용이므로 여기서는 그가 어떤 마음으로 「사상계」를 발간하게 되었는지를 살펴보기로 한다. 다음의 글은 1950년대까지 표지 다음 장에 실렸던 글의 마지막 부분이다.

광복군 시절, 중국 서안에서 특수훈련을 받을 당시의 장준하(우측)

이 지중한 시기에 처하여 현재를 해결하고 미래를 개척할 민족의 동량은 탁고기명託孤寄命의 청년이요 학생이요 새로운 세대임을 확신하는 까닭에 본지는 순정무구한 이 대열의 등불이 되고 지표가 됨을 지상의 과제로 삼는 동시에, 종으로 5천 년의 역사를 밝혀 우리의 전통을 바로잡고, 횡으로 만방의 지적소산을 매개하는 공기로서 자유·평등·번영의 민주사회 건설에 미력을 바치고자 하는 바이다.

「사상계」는 독재세력의 탄압으로 시련의 1950년대를 보냈지만 그 기간은 오히려 「사상계」의 가장 영광스러운 시기이기도 했다. 이승만 정권에 도전하여 정론을 펴는 「사상계」를 당시의 의기 있는 학생들과 지식인들이 지켜준 것이었다. 당시 「조선일보」가 7만 부 정도였던데 비해 「사상계」는 9만 부가 넘게 팔렸다. 그 때만 해도 학생과 지식인들은 의기와 기백이 있었다. 젊은이들은 옆구리에 「사상계」를 끼고 다니는 것을 지성의 징표처럼 여겼다. 그러한 의기와 사회기풍이 마침내 4·19민주혁명을 가능케 했다. 4월혁명의 공적 중 상당 부분을 장준하와 「사상계」에 돌려도 무방할 것이다.

장준하와 「사상계」가 고난에 빠진 것은 5·16쿠데타와 함께 등장한 박정희와의 관계 때문이었다. 장준하와 박정희는 '운명적'으로 대치 관계에 있었다. 두 사람은 출생과 성장 배경이 달랐고 인생관과 국가관도 크게 달랐다.

박정희는 1917년 경북 구미에서 태어났고, 장준하는 1918년 평북 의주에서 출생했다. 박정희는 농사꾼 아버지의 6남 2녀 중 막내아들이고, 장준하는 목사를 아버지로 하는 4남 1녀의 장남이었다. 박정희는 대구사범을 졸업하고 문교 공립보통학교에서 교편을 잡았으며, 장준하는 선천 신성중학교를 졸업하고 신안 소학교에서 교직 생활을 했다. 두 사람 사이의 공통점이 있다면 식민지 시절 청년기에 3년여 동안 보통학교 교사생활을 했다는 정도일 것이다.

교사생활을 하던 박정희는 만주 군관학교에 입학하여 일본 군인이 되고, 장준하는 일본 신학교에 들어가 공부하다가 학병으로 중국에 끌려가서 탈출하여 독립군에 참여했다. 두 사람의 운명적인 갈림길은 이때부터 시작되었다. 박정희의 세계관이 권력주의적 목표 지향적이라면 장준하는 민족주의적 가치 지향적이라고 하겠다.

장준하는 5·16쿠데타와 함께 권력의 실체로 등장한 박정희를 용납할 수 없었다. 그래서 「사상계」를 통해 5·16을 비판하고 민정 회복을 촉구했다. 쿠데타가 발생한 다음달 「사상계」에 함석헌의 '5·16을 어떻게 볼까'란 글을 싣고 군사정권에 도전장을 냈다. 모든 언론이 쿠데타 세력에 굴종하거나 추파를 던질 때 「사상계」만이 저항하고 나선 것이다. 장준하는 잡지사 문을 닫을 각오로 실었고, 함석헌은 구속될 각오로 글을 썼다고 한다.

장준하가 존재했기에 함석헌이 있었고 함석헌의 존재가 장준하를 가능케 했다. 두 사람의 참 용기가 언론인의 정도를 찾게 했다. 당시 비겁한 언론인들은 쿠데타를 지지하거나 침묵하다가 몇 해 뒤 군부통치가 다소 느슨해지면서 겨우 소리내는 시늉을 했을 뿐이었다. 오죽했으면 박정희가 언론인들을 상대로 '한국 언론인들은 용기도 없고 패기도 없다'고 지탄했을까. 이러한 치욕의 계절에 「사상계」의 장준하와 함석헌만이 독야청청의 자세를 갖고 있었다. 장준하는 박정희가 군정 연장의 수단으로 이른바 민정 참여를 선언하고 대통령 후보에 나서자 가장 강력한 비판자로 나섰다. 그는 한국에서 대통령이 되어선 안 될 사람으로 다카기 마사오, 오카모토 미노루, 박정희를 들었다. 앞의 둘은 박정희가 창씨 개명한 일본 이름이다.

장준하는 삼성재벌의 사카린 밀수사건이 터지자 박정희를 '밀수왕초'라고 공격했고, 월남 파병과 관련해서는 한국 청년의 피를 파는 '매혈자'라고 규탄했다. 이로 인해 국가원수 모독죄의 혐의로 구속되었지만 정론과 바른말을 중단하지는 않았다.

1959년 2월호 「사상계」에 '무엇을 말하랴'라는 제목의 백지 권두언을 실었던 장준하는 박정희에 의해 구속되었지만 1966년 1월호 권두언에 '이 란을 메꿀 수 있는 자유를 못 가져 죄송합니다 - 교도소에서'의 백지 권두언으로 또다시 도전했다. 글을 쓸 수 있을 때는 정론으로, 불가능한 상황에서는 백 마디의 단어보다 무게 있는 '백지 언어'로 저항했던 것이다. 이러한 장준하의 언론 투쟁을 박정희는 고사 작전으로 막았다. 세무사찰과 서점 판매를 하지 못하도록 탄압했고 필자들에게 압력을 가해 글을 못 쓰도록 만들었다.

1962년 막사이사이상 수상자들과 함께 기념촬영을 하는 장준하(맨왼쪽)

정론 '민족주의자의 길'

박정희는 친위 쿠데타로 영구집권 체제를 구축하면서 다시 언론에 재갈을 물렸다. 대부분의 언론인이 유신을 찬양하고 더러는 유신체제에 들어가 고위직을 맡기도 했다. 이와 함께 박정희의 '유신귀신'은 긴급조치라는 망령을 불러오고 언론인들의 입과 귀를 막았다.

장준하는 다시 한 번 '유신귀신'을 물리치는 용기를 보였다. 개헌청원 백만인 서명운동에 나서는 한편, 직접 쓴 '개헌청원운동 취지문'을 통해 민주회복을 요구했다. 이것은 짓밟히고 억눌리면서 기회를 엿보고 있던 재야인사들과 학생들에게 궐기의 신호탄이었다. 반유신 저항운동이 요원의 불꽃처럼 일어났다.

장준하의 참 용기와 저항정신의 진면목은 7·4 남북공동성명에 대한 자세에서 잘 나타났다. 이제까지 박정희의 정책과 행로에 끊임없이 비판을 퍼부어 온 장준하가 7·4남북공동성명에 지지를 보낸 것이다. 그가 박정희의 정책을 지지한 것은 전무후무한 일이었다. 박정희가 비록 정치 목적으로 통일문제를 이용하려 할지라도 결과적으로 통일에 접근하게 되면 다행이라는 생각에서 남북공동성명을 지지한 것이었다. 「씨울의 소리」 1972년 9월호에 실린 그의 글 '민족주의자의 길'을 보자.

새로운 정세 앞에서 우리 민족이 해야 할 결단은 스스로 분명해진다. 그것은 갈라진 하나를 다시 하나의 자기로 통일하는 것이다. 아직도 남아 있는 분단의 외적 조건을 주체적으로 거부하는 것이다. 그리고 이런 노력과 힘은 갈라진 양쪽에서 힘을 기울이며 기르는 것이다. 민족적 양심에 살려는 사람 앞에 갈라진 민족, 둘로 나뉘어진 자기를 다시 하나로 통일하는 이상의 명제는 없다. 이를 위한 안팎의 조건을 만들어 가는 일 이상의 절실한 과제는 없다. 어떤 논리도, 이해도 이 앞에서는 뒤로 물러나야 한다. 이런 대원칙 아래서 굳어진 논리, 고집스러운 자세를 고쳐나가야 한다. …

모든 통일은 좋은가? 그렇다. 통일 이상의 지상명령은 없다. 통일은 갈라진 민족이 하나가 되는 것이며, 그것이 민족사의 진전이라면 당연히 모든 가치 있는 것들은 그 속에 실현될 것이다. 공산주의는 물론 민주주의, 평등, 자유, 복지, 이 모든 것에 이르기까지 통일과 대립하는 개념인 동안은 진정한 실체를 획득할 수 없다. 모든 진리, 모든 도덕, 모든 선이 통일과 대립하는 것일 때 그것은 거짓 명분이지 진실이 아니다.

7·4공동성명을 전후하여 박정희는 장준하에게 남북회담 대표직을 맡아줄 것과 국가공로상 연금 지급을 제의해 왔다. 그러나 장준하는 민주정부가 수립되면 몰라도 박 정권 하에서는 일체의 공직이나 훈장, 연금을 받을 수 없다고 단호히 거부했다.

장준하의 참 모습은 여기에 있다. 비록 용납할 수 없는 정적이고 반민족·반민주주의자이지만, 그것이 민족통일 문제와 직결된다고 보았을 때는 지지하는 용기를 보인 것이다. 범인들은 감히 엄두도 내기 어려운 처신이고 금도라고 하겠다. 그는 박정희의 라이벌로 몰려 1975년 '의문사'를 당하고 말았지만 한국 언론사에 남긴 정론과 용기의 굵은 족적은 겨레와 함께 영원할 것이다.

'역사의 길' 택한 송건호

2001년 12월 22일 서울중앙병원 영안실에는 청암靑巖 송건호가 싸늘한 시신으로 관 속에 누워 있었다. 생전의 활동이나 업적, 지명도를 보면 크게 북적대야 했는데, 영안실은 파리 날릴 정도로 한적했다. 토요일 낮이라는 시간대가 어중간하긴 하지만 우리 시대의 인심을 느낄 수 있었다. 우리 시대의 마지막 지사 언론인인 송건호는 75세를 일기로 광주 5·18묘역에 조용히 안장되었다.

1975년 3월 젊은 기자 수백 명이 깡패들에게 쫓겨날 때, 파쇼에게 짓밟힐 때 그 폭거에 항거하여 찌렁찌렁한 편집국장 그만두어 버리고 추운 거리에 표표히 나선 당신, 당장 집에는 학교 다니는 줄줄이 여섯 남매 그 걱정 벼랑되어 막혀 현기증이 나던 당신, 그러나 당신 말대로 현실의 길 대신 역사의 길을 택한 비장한 당신, 이 날 이 때까지 무항산으로 항심하나 잘도 지켜온 당신, 새빨갛게 새빨갛게 지켜온 당신 여기에 이르러 우리의 송건호 의장 그 무엇하고 바꾼단 말이냐.

시인 고은高銀이 그의 회갑을 맞아 쓴 '멋진 사람'의 한 구절이다. 여기서 '의장'이란 호칭은 1980년 해직언론인협회 회원들이 중심이 되어 1984년에 결성한 민주언론운동협의회 의장을 말한다.

송건호는 1974년 동아일보 편집국장에 취임하여 언론자유 수호운동을 적극적으로 전개하고 10·24 자유언론실천선언 운동의 중심에 섰다가 1975년 박정희 정권의 동아일보 광고탄압에 경영진이 굴복하고 자유언론실천기자들을 대량 해직할 때, 이에 항의하며 동아일보사를 떠났다.

그의 고난은 22년간 몸담았던 언론계를 떠났다고 해서 마감된 것이 아니었다. 오히려 더 심한 탄압과 고난이 기다리고 있었다. 그것은 그 자신이 택한 '역사의 길'이기도 했다.

우리 시대의 마지막 지사 언론인 송건호의 장례식

　신문사를 떠난 그는 호구지책의 일환으로 몇 권의 책을 썼다. 글 쓰는 것을 직업으로 삼아온 사람이 글 쓰는 직장을 떠나 달리 할 일이 없었다. 대학 출강도 독재권력의 압력으로 무산되었다. 줄줄이 딸린 가족의 생계를 위해서라도 집필 이외의 방법이 없었다. 도스토예프스키를 비롯하여 많은 문인과 사상가들도 생계의 방편으로 글을 썼고, 그렇게 하여 남긴 작품이 귀중한 명저가 되었다.

　그는 1984년 『한국현대 인물사론』을 썼다. '민족운동의 사상과 지도노선'이란 부제의 이 책은 김구를 비롯하여 민족해방운동의 지도자를 중심으로 최남선·이용구 등 변절자, 반역자들까지 다루고 있다.

　"필자는 14명의 인물을 중심으로 필자 나름대로 평을 해보았다. 그 평가의 기준을 필자는 민족의 역사적 상황과 관련시켜 잡았다. 역사의 길을 간 인물과 현실의 길을 걸어간 인물로 대변시킨 것이다. 물론 역사의 길과 현실의 길을 왔다갔다 한 경우도 다루어 보았다"라는 서문

1974년 자유언론실천선언 운동의 중심에 선 송건호

에서 드러나듯이 그 자신도 현실의 길을 버리고 역사의 길을 택했다.

역사의 길은 항상 형극의 가시밭길이다. 가정이 가난에 시달리고 자신은 옥고가 따르고 이웃의 멸시와 소외가 이어진다.

역사의 길이란 무엇인가. 역사란 본래 발전의 개념이다. 역사의 길이란 인간 및 사회의 발전에 무엇인가 기여하는 삶을 걷는 것을 의미한다. 후진국에서 진정한 의미의 발전은 '민족'에 의해서 비로소 근거가 잡힌다. 한 민족이 평화와 번영과 정의를 누리려면 민족주의를 확립해야 하고 자유를 위해 싸울 줄 아는 용기와 양심을 가지고 있어야 한다. 우리의 경우, 한 인물에 대한 정가의 기준 내지 근거는 '민족주의' 뿐만 아니라 '민족'이 되어야 한다. 이 민족의 통일, 이 사회의 민족주의, 그리고 민족의 자주와 자유를 기준으로 하여 문제 삼지 않으면 안 될 것이다.

이것이 바로 역사의 길이다. 역사의 길은 형극의 길이자 수난의 길이다. 사회의 온갖 세속적 가치로부터 소외되는 길이다. 그리하여 사람들은 역사의 길을 택하지 않고(그것이 옳다는 것을 알면서) 현실의 길을 걷는다. 현실의 길은 안락의 길이자 세속적 영화의 길이다. 그러기에 수난의 일제 식민통치 하에서 얼마나 많은 인재들이 역사의 길을 버리고 현실의 길을 택했던가.

이것은 송건호의 역사관이기도 했다. 오롯이 그 자신의 신념체계였다. 그는 이러한 신념으로 살면서 글을 쓰고 행동하고 저서를 남겼다.

송건호가 말하는 '역사적인 삶'의 의미를 좀더 살펴보자. 그의 생애와 사상이 바로 여기에서 출발하고 마무리되기 때문이다.

우리가 추구하는 가치는 오늘 이곳이 민족이 요구하는 가치이자 살아갈 길이다. 그것은 이 민족을 주체로 하는 가치이다. 이 분단된 국토와 이곳에 사는 민족의 현실을 떠난 가치가 아니다. 국제 패권주의가 도도히 넘쳐 흐르는 오늘의 이 시대상황에서 민족을 주체로 하는 역사의 길을 의미한다. 민족이 걸어야 할 역사의 길은 그러나 수난의 길이다. 현실의 길로 치닫는 도도한 대세, 이 현실의 길을 가기 위해 수단과 방법을 가리지 않는 오늘에 타협을 거부하고 역사의 길을 가다가 수난당한 수많은 선인들, 그리고 오늘도 살아 계시는 선배들을 그리는 일은 지나간 역사에 매달리기 위함은 물론 아니다. 역사의 길을 찾아 고민하는 오늘의 우리들, 오늘의 민족현실 타개를 위한 자기다짐이자 몸부림이라고 할 것이다.

송건호가 이 글을 쓸 때는 전두환 5공정권의 학살과 반민족이 '시대정신'으로 맹위를 떨칠 무렵이었다. 그 살벌한 역사의 현장에서 그는 스스로 역사의 길을 걷고 민족 문제로 몸부림쳤다.

현대사 연구의 개척자

히틀러 치하에서 독일 지식인들의 수난상은 이미 잘 알려진 고전이 되었다. 그 중에서 특이한 '사건'의 하나는 현대사를 연구하는 지식인들이 하나 둘씩 고대사나 중세사 쪽으로 옮기더니 결국 현대사 연구가는 한 사람도 남지 않았다는 점이다. 학자와 언론인들이 자칫 독재권력과 충돌하기 쉬운 현대사 연구를 기피하게 된 결과이다.

이러한 '사건'이 한국에서도 벌어졌다. 우리 현대사처럼 파란곡절의 역사도 드물고 이에 대한 정확한 기록과 진단이 요구되는 일이 중요한 데도 정작 지식인들은 이를 기피했다. 지식인들이 양심상 혹은 학자의 도리에서 폭압과 비정秕政을 외면하기 어렵고, 그렇다고 사실대로 기술하자니 탄압과 불이익이 두려웠던 것이다. 이러한 지식인들의 현대사 연구 기피증을 깨뜨린 사람이 바로 송건호였다.

그는 1986년 펴낸『한국현대사』에서 개화시대로부터 3·1운동, 일제식민통치, 학생항일운동, 암흑기의 민중수난, 흔들리는 지도층, 8·15 전후, 민족통일국가 수립의 실패와 분단 시대에 이르기까지 근현대사를 민중과 민족 중심의 사관으로 충실하게 정리했다. 그가 밝힌 현대사 연구의 당위성을 살펴보자. 서론인 '현대사의 몇 가지 문제점'의 일부이다.

신생국 사학계는 국가 연구의 첫 과제가 자기 민족이 어찌하여 이웃 나라의 식민지로 전락했으며, 식민지로서 그들로부터 어떠한 통치를 받아왔으며, 자기 민족이 외세 통치에 어떤 저항을 했고, 한편 민족 속에서 누가 동족을 배반하여 식민종주국에 충성을 바쳤으며, 그들이 왜 민족으로서의 구실을 못하고 외세에 영합하게 되었는가, 그리고 신생국으로서 낡은 식민주의의 잔재를 청산하는 길은 무엇이며, 만약 식민주의의 잔재가 오래도록 남아 있다면 그 이유는 무엇이며, 그 잔재와 싸우는 길은 무엇인가 등이 연구되지 않으면 안 된다. 신생국으로서 진정 자주의식에 불타 있다면 그럴수록 근대·현대사 연구의 필요성을 더욱 느껴야 한다.

그는 8·15 이후 40년(집필 당시)이 지난 시점에서 '분단 상황'이 무엇인가를 다섯 가지로 분석했다.

첫째로 민족끼리 서로 죽고 죽이는 적대관계가 날로 깊어가게 되었다. 동족에 대한 증오심을 불러일으킴으로써 오히려 부귀와 영화를 누리는 기막힌 인간들도 생기게 된 것이 우리 민족의 현실이다.

둘째로 남북 1백50만이 넘는 동족 청년들이 서로 죽고 죽일 전쟁의 준비를 위해 민족 에너지를 한없이 낭비하고 있다. 이 개탄할 민족 에너지의 낭비로 말미암아 우리는 냉혹한 국제사회의 생존경쟁 속에서 헤아릴 수 없는 손해를 보고 있다.

셋째로 동족 간에 40여 년간이나 지속되는 전쟁상태 속에서 학문의 자유가 유린되어 우리는 언제까지나 학문적인 후진국의 신세를 면치 못하고 있다. 학문은 그 자체 자유를 전제로 발전할 수 있다. 진리를 진리라고 주장하는 데 용기를 필요로 하는 사회에 정치·경제의 발전이 올바른 길을 걸을 까닭이 없다. 진리와 양식이 유린되는 암흑의 시대라고 할까.

넷째로 분단 상황이 지속되고 적대관계가 준전시상태로 악화되면서 안보가 강조되고, 안보가 강조되어야 할 상황은 으레 일사 분란한 체제를 필요로 한다. 그런데 민주주의는 다양성을 전제로 한다. 생각의 다양성, 이해의 다양성이 현실로 존중되고 서로 숨김없는 대화, 토론, 찬성, 반대의 자유가 존중되어야만 사회정의가 실현될 수 있다.

다섯째로 분단 상황은 민족보다 이데올로기를 강조하게 되어 민족은 행방불명되고 이데올로기의 국제적 유대관계가 창조되어 민족의 자주성이 상실된다. 분단 상태를 지속하는 약소국은 민족의 자주성을 유지할 수가 없다. 만약 교육 수준이 높은 나라가 분단 상태를 지속하면 수십만에 달하는 학생세력(그들은 이미 하나의 무시못할 당당한 스튜던트 파워가 되어 있다)은 민족의 자주성, 즉 통일과 민주주의, 즉 사회정의의 실현을 요구하며 저항한다. 비민주성과 민족의 예속성이 심화되면 될수록 이것과 정비례해 민주주의와 민족주의를 요구하는 소리가 상대적으로 높아진다.

이러한 논리의 전제에서 그는 분단의 경위를 추적하고 있는데, 이 글이 집필된 지 20여 년이 지났는데도 분단 상황은 크게 달라지지 않았다. 다만 민주화의 진척과 함께 학문의 자유부문이 많이 개선된 것은 다행이라고 할까.

송건호가 보다 심한 고난의 길을 걷게 된 것은 동아일보사를 떠난 뒤였다. 앞서 밝혔듯이 1974년 동아언론자유실천선언 사건과 관련하여 해직언론인들과 운명을 같이해 온 그는 1980년 봄 전두환 정권에 의해 포고령 위반혐의로 체포되어 서대문구치소에 수감되었다. 엉뚱하게도 '김대중 내란음모'에 가담했다는 혐의였다. 당시 신군부는 자신들의 집권에 최대 걸림돌이라고 여긴 김대중을 제거하고자 내란음모라는 어마어마한 범죄를 조작하고 여기에 송건호를 비롯하여 양심적인 지식인들을 엮어서 군사법정에 세웠다. 중앙정보부에 끌려 간 송건호는 19일간 혹독한 고문과 수사를 당했다.

나는 그 때의 체험을 통해 고백한다. 인간이란 육체적 고통을 참는 데도 한계가 있다는 것을. 만약 노련한 수사관이 연행해온 피의자한테서 모종의 자술을 받고자 한다면 1백 퍼센트 가능하다는 것을 체험했다. 수사관은 내가 전혀 알지도 못하고 하지도 않은 일을 시인하라고 강요했다. 물론 나는 완강히 거부했다. 4일만인가, 나는 그들이 요구하는 대로 모든 것을 허위로 자백했다. 허위로라도 자백을 안 하면 나는 그 곳에서 맞아 죽거나 평생 불구자가 될 것 같았다. 나는 그들이 자백을 강요하는 그러한 행동을 하라고 해도 못할 그러한 위인이다.

그는 군사재판에 회부되어 3년 6월의 형을 선고받았다가 2심에서 2년형으로 감형되고 다시 육군형무소에서 형집행정지로 석방되었다. 그러나 고난은 끝나지 않았다. 1985년 민주언론운동협회의 기관지 「말」지의 발행인으로 이 잡지에 실린 '보도지침' 폭로기사가 문제되어 연행되는 등 독재정권의 탄압은 그치지 않았다.

생활인에게 무엇보다 힘든 고통은 실업이다. 그것도 권력의 방해로 취업이 불가능할 때, 한 가장으로서 겪어야 할 고통은 겪어보지 않은 사람은 모를 것이다. 그는 동아사태 이후 12년 동안 '실업자'로 민주화투쟁과 집필로써 세월을 보냈다. 1989년 6월 항쟁 이후에는 「한겨레신문」 초대 사장을 맡았으나 여러 가지 사정으로 얼마 후 물러나고 고문의 후유증으로 파킨슨병을 앓다가 눈을 감았다.

세상을 바꾼 지식인 70인의 수난과 저항

위대한 아웃사이더

김삼웅 지음

제1쇄 발행 | 2002년 10월 25일
제2쇄 발행 | 2004년 1월 1일

펴낸곳 | 도서출판 사람과 사람
펴낸이 | 김성호

등록번호 | 제1-1224호
등록일자 | 1991년 5월 29일
주소 | 서울 마포구 연남동 228-20 3F(우 121-865)
대표전화 | (02)335-3905~6 팩스 | (02)335-3919

값은 표지 뒷면에 있습니다